MUJER TRIQUI

MUJER TRIQUI

Una vida construyendo la paz

Beatriz Pérez

Grijalbo

El papel utilizado para la impresión de este libro ha sido fabricado a partir de madera procedente de bosques y plantaciones gestionadas con los más altos estándares ambientales, garantizando una explotación de los recursos sostenible con el medio ambiente y beneficiosa para las personas.

Mujer triqui
Una vida construyendo la paz

Primera edición: diciembre, 2025

penguinlibros.com

ISBN: 978-607-386-677-4

Impreso en México – *Printed in Mexico*

ÍNDICE

CAPÍTULO 0

Desde que tengo uso de razón, mi papá siempre se estaba despidiendo.

Una noche llegó de manera sigilosa a la casa. Abrazó a mi mamá y le dijo que tenía que irse. Mi hermana Emma y yo estábamos acostadas en el suelo, sobre un petate. Nos dio un beso rápido y salió. Nunca más lo volví a ver en Copala.

Unos días después entendí el peligro en el que vivíamos, porque tuve el terror ante mis ojos.

Capítulo 1

COPALA: LA GENTE VERDADERA

Hasta donde recuerdo, los triquis siempre hemos estado en lucha.

Cuando era niña, mi papá me platicó que participamos en la guerra de Independencia y también en la Revolución, con la esperanza de que el gobierno reconociera sus tierras comunales. Y así ha sido desde entonces.

Pero para comprender eso primero hay que entender la tierra: la Nación Triqui de Oaxaca está dividida en tres grandes zonas: la alta, la media y la baja. Cada una tiene una forma diferente de vivir, y esto es consecuencia del clima y de su carácter.

Allá, en lo alto de la sierra, está San Andrés Chicahuaxtla, lo que conocemos como la Triqui Alta. Hace frío, mucho. El cielo se cubre de neblina en las madrugadas, y las tierras son húmedas y fértiles. La gente cultiva sus alimentos entre piedras y laderas.

Un poco más abajo, entre cerros menos escarpados, está San Martín Itunyoso, lo que llamamos la Triqui Media. Su clima es más suave, cambia entre frío y templado, pero las tierras no son tan generosas como las de arriba. Ahí los cerros se ven tan cercanos que parece que se abrazan.

Más abajo, ya hacia la parte donde la tierra se va haciendo más plana, está San Juan Copala, corazón de la Triqui Baja. Es una tierra fértil, húmeda y generosa. Aquí todo crece con fuerza, especialmente el café y el plátano.

Después de la Independencia, los caciques (líderes) de cada región acordaron que San Andrés Chicahuaxtla, San Martín Itunyoso y San Juan Copala serían las cabeceras municipales, pero en 1920 Putla le arrebató la categoría municipal a Chicahuaxtla y Santiago Juxtlahuaca a San Juan Copala. El único que siguió siendo municipio fue San Martín Itunyoso.

Yo soy de San Juan Copala. Mi tierra se caracteriza por tener tres microclimas: frío, cálido y húmedo, por eso tiene una producción agrícola abundante. Esa riqueza atrajo el interés de los caciques mestizos Putla y Juxtlahuaca, quienes poco a poco fueron arrebatando a los triquis sus tierras y su producción.

Los caciques los obligaban a venderles sus cosechas a precios muy bajos. Luego, ellos las revendían más caras, generando grandes ganancias a costa de su trabajo. No tenían libertad para comerciar en otros espacios, ya que estaban forzados a comprar en las tiendas y negocios de los mismos caciques, donde las deudas que se generaban resultaban impagables, lo que aumentaba el control económico sobre la comunidad.

Aparte del comercio desigual, los caciques también se enriquecieron mediante la venta de tierras y la explotación de los bosques. Extraían madera y otros recursos naturales sin consentimiento, aprovechando los bienes de la región para su beneficio personal. Esta actividad aceleró el despojo territorial y limitó aún más el acceso de los triquis a la riqueza de sus tierras.

Muchas veces se quejaron con las autoridades de Juxtlahuaca y Putla, pero nunca les hicieron caso. Los caciques y empresarios tenían el control económico de todo el territorio.

Durante décadas, los triquis soportaron el dominio de los caciques, hasta que la conciencia colectiva despertó y se alzaron para defender su tierra.

El nido de las hormigas

Mi padre, Juan Domingo Pérez Castillo, nació el 15 de enero de 1949. Mi abuela se había casado con un hermano de mi abuelo (su tío por afinidad), pero al enviudar tuvieron una relación clandestina y ella quedó embarazada.

Los hermanos de mis abuelos, los tíos de mi papá Pedro e Ignacio, no se llevaban bien. Ambos luchaban por el liderazgo de Cieneguilla, Copala. Mi abuela logró ocultar el embarazo. Tenía miedo de que su hermano Ignacio se enterara y matara a mi abuelo. Parió al bebé en su casa, pero en la madrugada lo ocultó en un sembradío de milpa, en el terreno más lejano de Cieneguilla. Ahí lo dejaron, en medio del canal de la siembra, envuelto en hojas para esconderlo.

Al día siguiente, los vecinos que fueron a pizcar escucharon el llanto de un recién nacido. Empezaron a buscar entre la milpa y en medio de una zanja encontraron a mi papá rodeado de hormigas. Los insectos habían hecho su nido sobre él y eso lo había mantenido caliente. Los campesinos estaban sorprendidos porque el bebé estaba completamente sano. Lo cargaron y se lo llevaron a Pedro, un tío de mi papá.

Ante el temor de un enfrentamiento, mis abuelos confesaron que el niño era suyo. Enfurecido, Pedro mandó traer mezcal y fueron a buscar al hermano de mi abuela para pedir disculpas. Mi abuela estaba asustada, sabía que su hermano era capaz de matarlos a todos si se sentía agraviado. Dicen que Tacho escuchó muy serio lo que había pasado, y que cuando terminaron de explicarle les preguntó el sexo del bebé. Al enterarse de que era un varón, aceptó la botella de mezcal, la abrió y le dio un trago, se la pasó a Pedro primero, después a mi abuelo y dijo: "Pues ya tenemos un nuevo compañero para que nos ayude en el pueblo".

Mi papá cuenta que él, sin poder hablar todavía, fue el primero que logró una especie de acuerdo de paz entre esos dos grupos enfrentados.

La organización

En 1938, Lázaro Cárdenas llegó a Copala con la Comisión del Río Balsas. El presidente ya había recorrido gran parte de la Mixteca oaxaqueña. Los triquis se quejaron amargamente de los abusos de los caciques municipales. Cárdenas vio la pobreza y comprendió la necesidad de la gente. Mandó construir la primera escuela primaria y secundaria, pavimentó la carretera principal, trajo la energía eléctrica y construyó los caminos que comunican el centro ceremonial de Copala con las rancherías cercanas.

Mi papá era uno de los pocos triquis que sabían hablar español. Lo aprendió gracias a unos sacerdotes y religiosas que llegaron a Copala. Venían recorriendo los pueblos más pobres de Oaxaca y se asentaron en la comunidad. Por medio de donaciones, construyeron un internado donde enseñaban oficios y a sembrar hortalizas.

Él quería educarse más y aprendió a hablar mejor el español. Se fue a trabajar a Huajuapan y ahí conoció a un integrante de la Liga Comunista 23 de Septiembre, una organización guerrillera que surgió como respuesta a la represión del movimiento estudiantil de 1968.

Cuando mi padre regresó a Copala se dio cuenta de los abusos de los caciques. En una ocasión fue testigo de cómo un hacendado emborrachó a un indígena triqui para violar a su mujer. Amenazaban a los indígenas para que votaran por otros triquis coludidos con ellos y así tener también el control político.

En esos años, en Guerrero se estaba gestando el movimiento de Lucio Cabañas. Oaxaca colinda con ese estado, por eso algunos de los integrantes de la Brigada Campesina de Ajusticiamiento tuvieron contacto con los indígenas de la región.

En una ocasión, el ejército atacó a Lucio Cabañas, muchos de sus compañeros se dispersaron y uno de ellos llegó hasta Copala. El sacerdote del pueblo le presentó a mi papá. Platicaron y se dio cuenta de que la situación en nuestra región no era distinta, que estábamos igual o peor que en Guerrero. Por eso decidió involucrarse de lleno en la lucha. El guerrillero capacitó a mi papá. Le enseñó a organizar la resistencia y a manejar armas. Convocaron a otros jóvenes y salieron a luchar por sus tierras y su libertad.

Una calle para nosotros

A mediados de los años setenta, mi mamá, Sofía López Castro, llegó de Tlaxiaco a Copala para trabajar como maestra. Mi papá, Juan Domingo Pérez Castillo, era en ese momento agente municipal de Copala.

Mis padres se conocieron poco tiempo después de que mi mamá llegara al pueblo. Mi papá empezó a cortejarla y se hicieron novios. Según me cuenta, ella quedó embarazada y se casaron. Querían que yo naciera en Copala. En ese entonces, además de las parteras, también había unas monjitas que sabían atender partos, así que todo parecía estar resuelto. Sin embargo, por una emergencia nací en Huajuapan.

Cuando yo era bebé, mi mamá me llevaba a su trabajo en la primera escuela pública que fundó el general Lázaro Cárdenas en esta comunidad. Me ponía en una cunita mientras daba sus clases. De niña me divertía jugando con mis primas y mi hermana,

Emma. Éramos un equipo de mujercitas que andábamos corriendo, peleando y jugando por todos lados.

Mi papá tenía un terreno en Cieneguilla por donde pasaban dos ríos. Esa tierra se la habían heredado mis abuelos. Ahí íbamos a recoger naranjas, mameyes y zapotes. Nos encantaba ir porque ahí vivían mis tíos y primos. Cieneguilla queda al sur de Copala, era como nuestro rancho. Íbamos a cortar el café y el plátano para la semana. Nos metíamos al río, porque no era caudaloso, sino pequeño y se prestaba para jugar. También había una cascada donde nos gustaba bañarnos, era todo muy divertido.

A mí me hubiera gustado quedarme en Cieneguilla para siempre. En algunas ocasiones, mi papá nos montaba a mi hermana y a mí en una mula y así nos veníamos, juntos de regreso a casa.

Durante mis primeros años de vida, Copala aún era un pueblo tranquilo. Me encantaba jugar afuera de la casa con mis primos y vecinos. Las calles eran grandes y solamente para nosotros, después ya no fue así.

Los años más rojos comenzaron cuando el gobierno del estado mandó soldados del ejército y policías estatales a Copala. Mi papá ya se había hecho de un grupo de hombres y mujeres que lo apoyaban. En respuesta a la resistencia, los gobiernos municipales de Juxtlahuaca y Putla le dieron el poder a un grupo que se oponía a mi padre. Los que no se alineaban con ellos eran expuestos públicamente, desaparecidos o asesinados.

A pesar de todo, mi papá aún podía regresar a Copala para organizar a la gente, pero en 1979 comenzaron a perseguirlo. Lo acusaron de un asesinato que él no cometió, y aunque todos sabían que la muerte la había realizado el grupo de poder de Copala, lo siguieron considerando culpable. Por eso tuvo que huir y dejarnos.

Unos días después de que mi papá se fue de la casa, oímos gritos de júbilo, balazos, el ruido de los motores de los vehículos militares y policías, y las pisadas de los caballos. Yo tenía cinco años y Emma, tres. Nos metimos a la casa sin saber qué estaba pasando. Escuchamos pasos, golpes en seco y el sonido de algo arrastrándose. Me asomé por un hoyito de la ventana y vi a unos soldados que traían a un hombre amarrado a un caballo. Lo venían arrastrando por toda la calle. Sus manos estaban atadas, su cuerpo hinchado y morado, casi sin ropa. Atrás de los soldados venía un grupo de nueve jóvenes, todos golpeados. Sus familiares lloraban atrás de ellos. De repente, comprendí que eso también nos podía pasar a nosotros, que estábamos en peligro y que por eso mi papá se había ido.

A partir de ese día, los lugares donde los niños nos reuníamos a jugar se volvieron un campo de batalla. Nuestras calles se llenaron de botas negras, pantalones verdes y azules, de armas, de miedo.

Al poco tiempo, los balazos ya no eran solo para asustarnos sino para avisarnos que venían por alguien. Primero fue un muerto, luego ocho, 15. Todo cambió en la región triqui, ya no pudimos vivir en paz.

Yo me quedaba guardada en la casa con mi abuela y con mi hermana. Sabía que algo ya estaba contra nosotros. El ataque fue frontal contra nuestra familia. Dejé de ver a mis primas porque comenzaron a perseguir a los hermanos de mi papá y ellos también se fueron. Nos quedamos puras mujeres. Mi tía Chole consiguió un arma y nos dijo: "Pase lo que pase, aquí nos vamos a defender".

El MULT

Cuando mi papá tuvo que huir, dejó a su compañero Luis Flores a cargo del movimiento en Copala, pero los que querían recuperar el poder lo asesinaron. La presión se intensificó. Los caciques se aliaron con la autoridad local y ejercieron más violencia contra las comunidades triquis.

En su exilio, mi padre se fue a Oaxaca. Ahí buscó el apoyo de la Coalición Obrero Campesino Estudiantil del Istmo (COCEI) y del Frente Nacional contra la Represión. Ambas organizaciones de izquierda.

Para contar con el apoyo de la COCEI y del Frente era necesario tener un nombre que los identificara. Se reunieron en un cerro y la antropóloga Carolina Verduzco, quien estuvo trabajando con ellos en la Comisión del Río Balsas, les propuso llamarse Movimiento de Unificación y Lucha Triqui (MULT).

Los miembros del recién formado MULT y las demás organizaciones acordaron realizar el 2° Encuentro en Copala después del primer encuentro en el Istmo, donde expusieron los problemas a los que se enfrentaban los triquis. Se concentraron en la comunidad llamada Yosoyuxi, que está sobre la carretera federal. Ahí llegó la señora Rosario Ibarra, quien conocía y entendía muy bien el tema, y con ella se animaron a ir a la comunidad.

Mientras los dirigentes del MULT marchaban hacia Copala, sus compañeros que estaban en el pueblo comenzaron a desenterrar los cuerpos de los triquis que habían sido asesinados por el ejército y la policía para exhibirlos y demostrar el nivel de violencia al que se había llegado. Los periódicos publicaron las fotografías y el tema cobró notoriedad a nivel nacional.

Cuando llegó la marcha a Copala, los militares les dijeron que si se atrevían a entrar provocarían una masacre, pero Carolina les advirtió que llevaban un acuerdo de la Secretaría de Gobernación, y si les pasaba algo, ellos serían los responsables. En realidad, nunca existió ese acuerdo, pero temían por la vida de la señora Rosario, quien ayudó a que saliera a la luz pública el MULT, que en ese momento era la única organización en la región.

Los caciques y las autoridades regionales se sintieron superados y decidieron armar su propia organización con la ayuda del gobierno del estado, que era priista. Así fundan la Unidad de

Bienestar Social de la Región Triqui (Ubisort). Ellos tenían a su disposición militares y policías.

En esta etapa comenzaron los enfrentamientos más graves. Los triquis de Tilapa, que eran parte de la Ubisort, disparaban desde el cerro a Cieneguilla sin importar a quién le dieran. Por eso ya no podíamos ir para allá a ver a mis tíos y a mis primas. Había muchos muertos y desaparecidos. Las autoridades triquis se emborrachaban y lanzaban bala hacia las casas para demostrar su poder. Se reían de las señoras que lloraban a sus muertos o heridos.

Cuando ya no esté

Copala se volvió un lugar hostil para nuestro grupo. Se acabó nuestra libertad. Muchas mujeres, compañeras triquis, recibieron balazos por atreverse a dejar sus casas. Afortunadamente mi mamá sí podía salir porque era la maestra de la primaria y nuestros enemigos sabían que si se metían con ella podían intervenir las autoridades educativas, y ellos no querían eso.

Aprovechando esa circunstancia mi mamá nos llevaba a ver a mi papá a Huajuapan, donde él estaba escondido. Nuestra casa en Copala se encontraba en el centro del pueblo y para llegar a la carretera teníamos que atravesar la avenida principal. Mientras íbamos caminando, las personas que se oponían a nuestra organización se nos acercaban y nos aventaban piedras o nos echaban el agua de los marranos.

Mi madre intentaba protegernos a mí y a mi hermana Emma, pero no podía. Ahí entendí lo que era el miedo, el coraje y la impotencia, porque no puedes hacer nada. A mi mamá, a pesar de que estaba embarazada, la insultaban, le decían palabras muy feas en triqui y no podíamos defendernos.

En Huajuapan teníamos que ser muy precavidas porque sabíamos que los militares nos estaban siguiendo. Para disimular, mi mamá nos jalaba y nos metía al mercado. Ahí veíamos los panes y hacíamos tiempo comprando fruta. Nos escondíamos en el baño, después de un rato salíamos y agarrábamos un taxi.

En esa época llegamos a rentar varias casas para que no dieran con mi papá. Él nos recibía siempre con mucho cariño. Mi mamá le daba dinero para que se financiara, si no ¿cómo iba a sobrevivir? No tenía trabajo.

Durante esos encuentros, mi papá me preparaba para todo lo que podía ocurrir. Me decía: "Hija, ahorita estamos viviendo momentos difíciles. Cuando yo les falte, tu mamá será la cabeza de la familia, y si ella tampoco está, te toca a ti proteger a Emma". Así nos hablaba. Es muy triste porque a esa edad, tan chiquitita, no entendía por qué lo decía, pero sí sentía que era algo malo.

Le gustaba leernos al Che Guevara y contarnos sobre Lucio Cabañas. Hablaba de las injusticias y nos instaba a defender al pueblo. "Estudia, eres mujer, pero tienes la capacidad de estudiar. El mayor enemigo del pueblo es la ignorancia. Así es que prepárate y aprende a hablar bien el español para que puedas defenderte. No permitas que nada malo le pase a la familia, a tu hermanita, a tu mamá, a tus primos", así se despedía.

Durante el tiempo en que mi papá estuvo escondido, su familia no supo nada de él. Mi mamá guardó el secreto de su paradero como una tumba. Mi abuelita lloraba todas las noches y ella la consolaba, le decía que no se preocupara porque su hijo estaba bien.

La seguridad de la familia se convirtió en un asunto de vida o muerte. Poco a poco todos empezaron a irse de Oaxaca. A mis primas las casaron muy chicas y se fueron a vivir a Puerto Vallarta. Otros tíos huyeron al Distrito Federal.

Al principio, las organizaciones tenían un pacto de no tocar a las señoras ni a las niñas. Los ataques directos, a balazos, eran de hombre a hombre. Por eso a las mujeres se les encargó ir a Putla y a Juxtlahuaca a conseguir comida y al parque para suministrar a los compañeros que estaban en el cerro. Escondían las armas y las balas en el ciñidor y en su tenate (un envoltorio que hacían con fibra de palma). Se ponían su huipil para disimular el cargamento. Afortunadamente el huipil triqui es muy largo, y eso facilitaba el transporte.

Tuvimos que aprender a defendernos. Mi tía Chole nos enseñó a sostener un arma, a quitarle el seguro, a cargarle las balas y a apuntar, pero no a disparar. Quien me adiestró para disparar fue mi papá, en Huajupan. No podía irme lejos a practicar porque era muy peligroso. Mis tías nos decían: "Tienen que saber, porque si vienen por ustedes, no les van a apuntar a un brazo o a una pierna, les van a dar a matar".

Yo nunca me imaginé llegar a disparar un arma. Pero teníamos que sobrevivir y estar preparados para todo. Las mujeres también estábamos expuestas a ser violadas por los soldados o los policías.

Mi familia, mis tíos, mis primos y primas, salieron de Copala y Cieneguilla cuando nuestros enemigos se hicieron del poder. Sin embargo, nosotros, mi mamá, mis hermanos y mi abuela, nos quedamos. Eso, de cierta forma, no les permitía a ellos tener el control total de las personas, porque de una u otra manera el mensaje que enviaba mi papá era: "Yo no me estoy yendo de Copala, yo me fui físicamente, pero tengo a mi familia ahí", y eso los hacía sentir vulnerables.

Las amenazas y agresiones ya no iban dirigidas a mi papá, porque no habían podido localizarlo, por eso comenzaron a atacar o intimidar a la familia como presión o venganza.

En ausencia de mi papá, mi abuela dio la cara por la familia. Si tenía que salir, mi mamá nos encargaba con ella, nos preparaba la comida y estaba al pendiente de nosotros. En una ocasión, Antonio Pájaro, uno de los líderes opositores al MULT, llegó directamente a amenazarnos a la casa. Antes de que empezara el conflicto, en Copala todos dejábamos las puertas abiertas, después todas tenían llave y seguro.

Ese día estábamos en la casa mi abuelita, mi mamá, mi hermana Emma, mi hermanito Juan, que era un bebé, y yo. Entonces, este señor comenzó a gritarnos y a golpear la puerta muy fuerte. Entendimos que venía borracho. Nos dijo que teníamos los días contados, que nos cuidáramos. Mi abuela, que era de carácter muy fuerte, salió y lo enfrentó. Le gritó en triqui que nosotras no estábamos solas y que sabíamos defendernos.

Me imagino que él no se esperaba eso, así que sacó su pistola y se puso a disparar al aire. Se enojó más cuando vio que mi abuela le hacía frente. Ya estábamos acostumbrados a sus maltratos. Él y su familia constantemente nos apedreaban y nos echaban agua. Mamá también salió. Gritaban muy fuerte. Mis hermanos y yo nos quedamos escondidos. Los bracitos de Emma temblaban, traté de consolarla, intenté decirle alguna palabra que la tranquilizara, pero yo no podía parar de llorar.

Cuando por fin se fue el hombre ese, ellas se metieron de nuevo a la casa. Afuera, mi mamá parecía un roble, pero al cerrar la puerta se quebró, comenzó a llorar, nos abrazó e intentó tranquilizarnos. Yo me sentí tan impotente. Quería ser grande para defender a mi familia, pero a mi edad ¿qué podía hacer?

Yo no comprendo cómo resistió mi mamá. Ella no era de Copala, venía de una zona tranquila, donde la gente se saludaba y no había conflictos. Pero fue una mujer inquebrantable, había decidido defendernos y lo hizo con total valentía. Creo que como mixteca nunca se imaginó llegar a tener ese carácter. Pero ella sentía que la tenían que respetar por ser maestra. "Ellos saben que si me matan, así les va a ir", explicaba. Su magisterio se convirtió en un escudo que la protegió y le dio valor.

Nuestros enemigos tenían todo a su favor: el respaldo del ejército, de la policía, de las autoridades y de los caciques. Nosotros solo poseíamos la certeza de que nuestra causa era justa, y eso, por sí solo, bastaba para mantenernos firmes en esos primeros años de lucha.

Capítulo 2

EL INTERNADO

A los seis años yo no le tenía miedo a la muerte, pero me daba pánico no volver a ver a mis papás. Ellos eran mi sostén y mi muro.

Una tarde, mi mamá me mandó a buscar un cucharón al patio. Me gustaba estar ahí, entre los árboles que había sembrado mi papá porque tenía mucho espacio para correr y jugar. Yo no lo sabía, pero en la oscuridad un hombre nos acechaba. En cuanto puse un pie afuera de la cocina, sentí una mano enorme que me tapó toda la cara, la nariz, la boca. A veces, con mis primas jugábamos a aguantar la respiración, pero esto era diferente. Quería jalar aire, pero no entraba, algo en el pecho me dolía, me movía de un lado a otro con todas mis fuerzas, no sé cómo, pero conseguí abrir la boca. Mordí la mano que me tapaba el rostro y grité muy fuerte. Enseguida salieron mi abuelita y mi mamá, corrieron hacia mí y vieron cómo una sombra cruzaba el patio y se perdía en la calle. Yo les dije que había sido un monstruo y que me quería llevar. Nunca supimos quién fue ni qué intentaba.

Nosotras te vamos a cuidar

Mi mamá vivía con el miedo atravesado en la garganta. La preocupación constante de mantener a su familia a salvo hizo que, de repente, el lugar donde años antes se sentía segura ahora se volviera gris, incierto y peligroso.

El internado de Copala fue, desde el inicio del conflicto, un lugar neutral para todos los bandos, porque nadie se metía con las monjitas o con el sacerdote. Un día que fuimos a Huajuapan, mis papás tomaron la decisión de enviarme al internado. Era un lugar seguro, donde podría estudiar, pero no me lo dijeron. Como ya tenían el plan, sólo me llevaron a escoger una mochila y me gustó una de color café.

Si desprenderme de mi papá fue difícil, alejarme de mi mamá fue aún más doloroso. A pesar de todo lo que estábamos viviendo, me consolaba saber que mi mamá estaba conmigo diario. Pero nuestro hogar ya no era un lugar seguro. Constantemente se escuchaban balazos, hasta el día de hoy las paredes de la casa conservan los orificios de las balas.

Cuando llegó el día de irnos al internado, mi mamá me dio una bolsa y me dijo: “Aquí vas a guardar tu ropita, tu jabón, tu pasta... y en tu mochila nueva vamos a meter todo lo de la escuela”.

Me sentía feliz con mi mochila nueva porque no sabía qué significaba todo aquello. Me acuerdo que estaba en la casa jugando con mi hermana, cuando mi mamá se acercó a nosotras y me abrazó muy fuerte. Me preocupé, ese no era un abrazo cotidiano, se parecía a los que me daba papá.

La madre directora nos recibió y le comentó a mi mamá que no se preocupara, que ellas estarían al tanto de mí. Mamá se despidió, me explicó que vendría por mí el viernes y que el fin de semana estaríamos juntas. En ese momento se acabó mi otro mundo, mi otro soporte. Comprendí que ya no estaba papá, pero tampoco mamá, que me había quedado sola.

Cuando vi que mi mamá se iba, le grité que no me dejara. "Tienes que ser valiente, Bety, no puedes llorar", me dijo. La directora me pidió que cargara mi mochila y me llevó al dormitorio de las niñas. Me asignaron una litera y un mueble para guardar mis cosas. Yo seguía llorando, ya no estaba en mi casa, quería ver a mi abuelita, jugar en el patio, esconderme en la huerta.

Mis nuevas compañeras me veían llorar, yo creo que no sabían qué hacer. Poco a poco se me fueron acercando y una de ellas, Adriana Ortiz García, me preguntó si yo era la hija de Juan Domingo. Le contesté que sí y me consoló: "No te preocupes, nosotras te vamos a cuidar". En ese momento yo no sabía quiénes eran ellas, y lo único en lo que pensaba era en que mi familia ya no estaba conmigo.

Con el tiempo, me adapté a la vida en el internado. Las mujeres estábamos con las monjitas y los hombres con el cura, pero nos reuníamos para almorzar, comer y cenar. Los niños trabajaban en las hortalizas y en la carpintería. Las niñas preparábamos la comida y hacíamos los quehaceres. Nos dividíamos en equipos, un día nos tocaba hacer tortillas, otro limpiar los baños o los dormitorios, lavar el corredor o la plaza cívica donde hacíamos los homenajes a la bandera.

Como las mujeres no podíamos salir, los chamacos llevaban el nixtamal al molino y nos traían la masa para echar las tortillas. Nos levantábamos a las cinco de la mañana para rezar en la capilla. Pedíamos por nuestros papás, por nuestros hermanos, nuestras familias que estaban en peligro. Casi todos éramos hijas e hijos de líderes de las comunidades triquis pertenecientes al MULT. Nuestros papás querían protegernos y esa era la única manera que habían encontrado: llevarnos al internado.

A las siete desayunábamos, y terminando, cada uno lavaba su plato. Después nos íbamos a clases. Pasábamos el corredor y ya estábamos en la escuela, porque la casa de niñas y la primaria estaban en el mismo edificio. Había varias monjitas que eran las maestras de la primaria. Cada una tenía a su cargo un grado.

Por la tarde, las madres nos daban clases de bordado y tejido a las niñas. Gracias a ellas sé tejer y bordar. Para festejar el 10 de mayo exponíamos las servilletas, los manteles, las sandalias, gorras y chalecos que habíamos hecho durante el año. También nos daban clases de regularización porque muchos niños dejaban de ir varias semanas a clases porque tenían que ir a defender su comunidad.

Las monjitas, mis compañeros y compañeras se convirtieron en mi nueva familia. A pesar de mi corta edad, no podía ignorar el sufrimiento de las otras niñas. Ellas me describían sus pueblos y me contaban cómo eran sus papás. En varias ocasiones lloramos juntas, abrazadas. Muchas no sabían dónde estaban sus familiares. Los militares, la policía y los de la Ubisort se llevaban a todos los que estaban con el MULT, violaban a las mujeres y a muchos los ahorcaron ahí mismo delante de sus hijos. Por eso todas teníamos miedo. En cada comunidad se asignaban vigilantes para que avisaran cuando llegaban los enemigos y les diera tiempo de escapar. Solamente los abuelitos y las abuelitas se quedaban, ni siquiera los niños estaban seguros, y a veces también mataban a los abuelitos. Vivíamos aterrorizados.

A veces pienso que el general Lázaro Cárdenas mandó construir carreteras para comunicar la Mixteca, pero nunca se imaginó que despertaría la violencia. Se supone que iban a ser vías para acceder más rápido a Copala o a Juxtlahuaca, para vender nuestros productos y tener una mejor calidad de vida, pero no para sentirnos presos.

Por los caminos, mis compañeras veían hombres amarrados y golpeados. Eran los líderes de las comunidades que no se sometían a la Ubisort y a los caciques. Los castigaban de una forma brutal para que sirvieran de ejemplo a otras comunidades. Ya nadie podía vivir en paz ni tranquilo. Muchas compañeras ya no regresaban el lunes a la escuela porque se habían llevado a sus papás y ellas se tenían que quedar con sus hermanos. A otras, sus propios papás las casaban para protegerlas, pues pensaban que era mejor que otras familias se hicieran cargo de ellas. A mí me intentaron hacer lo mismo.

Cuando yo tenía nueve o 10 años mi mamá pidió su cambio a otra escuela porque ya no aguantaba la presión que había en Copala. Las autoridades educativas la transfirieron a Yosoyuxi, me quedé sola en el internado, así que mis tías aceptaron una propuesta de matrimonio para mí. Hasta la fecha no sé de quién venía, pero ellas hicieron el acuerdo y aceptaron la dote acostumbrada, que eran unos cartones de cerveza, una cantidad de dinero y algunos presentes, como huipiles y otras cosas.

Mi mamá se enteró por las monjitas cuando fue por mí al internado. Se enojó muchísimo y les dijo: "¿Quién les pidió a ustedes que hicieran eso? Aunque Juan Domingo no esté aquí, yo estoy viva y decido por mi hija. Bety está cuidada por las monjitas. Ella está bien, déjenla en paz". Fue a buscar a mi papá. Él mandó a llamar a mis tíos, a mis tías y a mi abuelita a Huejapan y los regañó.

Cuando lo vieron llegar se asustaron muchísimo. Les dijo hasta de lo que se iban a morir. Yo estaba escuchando adentro de la casa, escondida, porque oí que estaban hablando de mí. La abuela le entregó a mi papá el dinero que habían dado por mí. Él lo aventó al suelo y les gritó: "Yo no sé cómo le van a hacer ustedes. A mi hija no la voy a entregar a nadie. Regresen el dinero a esa persona, y si hace falta o no está completo, es su problema. Para ver si no les da vergüenza meterse en la vida de la gente". Así fue como mis papás me salvaron. Sé que mis tíos regresaron la dote y durante un tiempo les guardé rencor. La única que habló conmigo fue mi mamá, me dijo que mis tíos y mi abuelita habían hecho cosas que no debieron hacer, pero mis papás estaban para cuidarme y que no tenía nada de qué preocuparme.

Ahora entiendo que, en ese momento, en medio de la guerra, mi familia pretendía protegerme. Yo creo que pensaban que siendo mujer era mejor casarme con alguien que me llevara lejos de Copala para evitar que me pasara algo malo, y lo hicieron porque pensaban que mi papá había muerto.

Como pajaritos

Para mi mala suerte, cuando estaba a mitad de la primaria, comenzó la lucha del magisterio en Oaxaca. Mi mamá se fue al Distrito Federal con el movimiento de los maestros. Se hacían plantones de hasta dos meses. En vacaciones, mis compañeras se iban a sus casas con sus papás, pero yo no podía salir, al contrario, a mí me entregaban a mi hermano y a mi hermana para que los cuidara dentro del internado. Siempre fui la responsable de ellos. Nos quedábamos ahí, juntos, encerrados en ese pequeño mundo de muros y pasillos.

En tierra triqui, ser hombre era un peligro. No porque las mujeres no tuviéramos valor, sino porque los hombres son siempre los primeros blancos, los más vulnerables a las balas, a la muerte. En mi familia solo había un varón: mi hermano. El único hijo hombre, el más pequeño, y el que más debía ser protegido. Si alguien quería hacerle daño a mi papá, sabíamos que irían por él. Tenía que asegurarme de que no saliera. A él y a mi hermana los manteníamos guardaditos, como pajaritos en su nido.

Como no podíamos andar en la calle, no sabíamos qué pasaba afuera. Mis padres habían hecho un acuerdo estricto con las monjitas: no podíamos salir en ninguna circunstancia, aunque la casa estuviera cerca, aunque quisiéramos correr a abrazar a mamá.

Cuando no había otros alumnos y el internado estaba vacío, ayudaba en la cocina, servía la comida, y al mismo tiempo era la maestra improvisada de mis hermanos. Los ayudaba con sus tareas atrasadas o repasábamos lo aprendido. Llenábamos las horas haciendo manualidades y jugando. Trataba de mantenerlos distraídos.

Hubo un tiempo en que nos quedábamos todo el día y toda la noche en el dormitorio del internado. Las monjitas nos hicieron un espacio ahí, entre sus camas, para protegernos. Si lo consideraban necesario, también dejábamos de comer con los otros niños y nos llevaban a la cocina con ellas.

Algunas veces, mi abuelita iba al internado, tocaba la puerta porque quería vernos, pero no se lo permitían. Tocaba y tocaba hasta que se cansaba y se iba. Era nuestra única familia cercana. Mi mamá estaba en el plantón trabajando y mi papá permanecía oculto, en la clandestinidad.

Las monjitas sabían que los hijos de los líderes estábamos más expuestos y corríamos mayor peligro. Me imagino que para distraerme, pero también para hacerme pública y que nuestros enemigos supieran que yo estaba ahí y que ellas me estaban cuidando, desde muy chiquita me empezaron a mandar a muchos concursos de danza, de canto, de escoltas. Hacían eso para que yo pudiera salir, y era una forma en la que ellas se protegían.

Al principio me gustaban los concursos esos, pero después de tantos yo pensaba: "¿Qué no pueden mandar a alguien más?". Para colmo, siempre me ponían de pareja a un niño que me caía muy mal. Las monjitas me trenzaban mi cabello largo con unos listones de colores y el chamaco ese me los escondía. Cuando estábamos bailando nos empujábamos, nos dábamos de pellizcos, nos arañábamos. Cada vez que teníamos la oportunidad nos poníamos el pie para tirar al otro. En una ocasión, yo le escondí sus huaraches y tuvo que bailar descalzo. Andábamos como el perro y el gato, siempre haciéndonos maldades.

En una ocasión, cuando ya estaba en sexto de primaria, las madres nos escogieron para representar una boda triqui. A mí me vistieron con mi huipil de boda y a él con todos sus pañuelos, su sombrero, su traje. Nos tomaron fotos en la secundaria pública, me imagino que fue para poner en evidencia que no había secundaria en el internado. La maestra nos dijo que esa sería la última vez que íbamos a participar juntos y que lo hiciéramos muy bien.

Después de tantos años de convivencia, de la nada nos dio tristeza y nostalgia. Recuerdo que por primera vez se portó amable conmigo. Para una foto, teníamos que pasar por unas piedras, me ayudó a bajar hasta el río porque mis sandalias se resbalaban. Me agarró de la mano y nos reímos mucho. Fue nuestra última actividad escolar como pareja.

Me imagino que ese niño era también hijo de algún líder, pero la verdad es que nunca le pregunté. Los hombres casi no cuentan, se guardan mucho. Las mujeres no, nosotras hasta llorábamos juntas, nos hermanábamos, y cuando era necesario dormíamos pegadas, porque teníamos miedo. En el internado no había tantos hombres. Éramos más las niñas. Ahora pienso que esos festivales que hacían las monjitas eran también una forma de sacarnos de nuestro contexto de violencia.

Algunas de mis amigas del internado venían de Rastrojo, de Yosoyuxi, de Cieneguilla y de otras comunidades. Los lunes, cuando regresábamos a clases, nos abrazábamos como si lleváramos meses sin vernos. Nos contábamos nuestras historias, miedos y penas. Nos desahogábamos juntas como hermanas.

Cuando yo ya estaba por salir del internado, entró Emelia Ortiz García, que era hermana de mi amiga Adriana. Ambas hijas de un líder y compañero de mi papá. En ella reconocí mis miedos y cicatrices. Su madre cargaba en el cuerpo las balas de una historia violenta.

También me acuerdo de que ayudamos a una compañera a fugarse con su novio. Se enamoró de un muchacho del internado, pero su familia ya había decidido casarla con otro, con alguien que ni conocía. Tenía 16 o 17 años. Las demás niñas fuimos sus cómplices. Nunca supimos bien qué pasó después.

El enemigo de mi padre

Cada fin de año las monjas organizaban un evento de cierre de ciclo escolar. Cuando yo salí de la primaria, la autoridad en Copala era el principal enemigo de mi papá.

Esas ceremonias siempre se hacían dentro del internado, no sé por qué, pero en esa ocasión decidieron hacerlo en la plaza y había mucha gente. La costumbre es que el padrino de salida acompañe a los graduados a recibir su diploma, pero como mis papás no querían arriesgar a nadie, me acompañó mi mamá.

Cuando llegó mi turno, la maestra de ceremonias anunció: "Que pase la alumna Beatriz Dominga Pérez López por su certificado, que le entregará la autoridad municipal de San Juan Copala, don Antonio Ramírez...".

Al oír ese nombre, algo se me quebró por dentro. Dejé de escuchar. Mi mamá me apretó el hombro. Las dos sabíamos quién era. Caminamos hacia él con paso firme, pero llenas de miedo. Lo miré a los ojos, me entregó el diploma y me dijo: "Muchas felicidades por su logro, señorita". Tomé el certificado, y nos pidieron que nos diéramos la mano. Yo solo quería regresar a mi lugar, pero los fotógrafos y las monjitas insistieron.

Fue la primera vez que toqué la mano de ese hombre: el enemigo de mi familia, el responsable de que mi papá anduviera huyendo, de que no tuviéramos un hogar, de todas las heridas que habíamos cargado.

Ahora pienso que tal vez estaba destinada a eso, como un mensaje de que solo agarrándonos las manos podría llegar la paz. Pero a esa edad, la verdad, no sentí ninguna paz. Solo rabia y coraje.

Con el tiempo entendí a las monjas. Ellas y el sacerdote hacían lo que les correspondía: intentaban acercar a las partes en conflicto, abrir un camino de diálogo, evitar más violencia. En ese momento yo no lo entendía. Estaba demasiado enojada.

Al provocar que Antonio me entregara el certificado querían mandar un mensaje. A él, que la hija de su enemigo estaba estudiando, siguiendo un camino diferente al de la violencia. Y a mí, que no debía heredar el rencor, porque en Copala cuando faltaba el padre, el hijo o el hermano continuaban la venganza.

Estrechar la mano siempre ha sido un símbolo de reconciliación. Las monjas querían hacernos ver que era posible perdonar. Pero cuando tocan a tu familia, ¿cómo pides paz? Cuando matan a un ser querido, ¿cómo pides paz? En ese momento sentí puro coraje, porque sabía que por su culpa muchas familias estaban sufriendo.

La primaria fue, sin duda, la etapa en la que más sola me sentí. Las monjitas sabían lo que estábamos viviendo. Por eso nos arroparon, nos protegieron, e incluso evitaron que la autoridad interviniera en el internado. Durante el conflicto, la escuela fue el refugio más seguro para los niños de Copala.

Las recuerdo con mucho cariño, especialmente a la madre Belén, que fue mi madrina; a la madre Lupita, la cocinera, y a la madre Tere, que nos cuidaba cuando había balaceras. Ellas nos arroparon con paciencia infinita. Recuerdo que a veces, a mí y a mis hermanos, nos daban a escondidas pan, mermelada o un dulce. En el fondo comprendían que éramos solamente unos niños cargando problemas de adultos.

Hoy, al recorrer en mi memoria todos estos recuerdos, me doy cuenta de que mi vida es un laboratorio de paz.

Capítulo 3

EL RETÉN

Por seguridad, mi mamá no nos avisaba a dónde salíamos, nos enterábamos cuando nos mandaba a bañar y a arreglarnos para el viaje, aunque no sabíamos a dónde iríamos. Pero nosotros tampoco preguntábamos. Recuerdo que un día, cuando tenía nueve o 10 años, mi mamá nos avisó que iríamos a Yosoyuxi a ver a mi papá. Estábamos muy emocionados porque pasaríamos la Semana Santa juntos, como una familia normal. Mi mamá cocinaba mientras yo jugaba con mis hermanos. Entré a la cocina y la vi preparando un caldo de res y enchiladas, que son los guisos que se acostumbran en Copala durante esas fechas. Mamá acomodó la comida en un tenate, y como se había enterado de que en el camino había un retén, me explicó: “A mitad del camino te voy a pasar a tu hermanito para que lo cargues y te quedas con Emma a esperar mi señal. Si te muevo la mano girando, quiere decir que tienes que regresar corriendo a Copala, avisarle a tu abuelita que me quedé en el retén y que están buscando a tu papá para matarlo. Y si te muevo la mano hacia mí, avanzas con tus hermanitos”. En ese momento no comprendía bien las palabras de mi mamá, pero sabía que no era algo bueno.

Desde pequeña, aprendí a escuchar y a obedecer cada instrucción de mis padres. Sus palabras eran órdenes que debía seguir sin cuestionar. Cuando ya estuvo todo listo, mi mamá agarró su tenate y la cubeta, cargó a mi hermano y salimos de la casa.

Para ir de Copala a Yosoyuxi hay que subir un cerro lleno de árboles. Mi hermana y yo disfrutamos mucho el camino. Con las hojas de los pinos hacíamos resbaladillas y nos aventábamos en la tierra. Tirábamos piedras hacia los árboles para espantar a los pajaritos y corríamos felices atrás de mamá. Ella venía muy seria, concentrada.

En el punto más alto del monte encontramos un llano, y ahí encontramos el camino que conecta a la carretera federal. Esa era la entrada secundaria al pueblo, la que conecta con la carretera federal. Ese pequeño camino comunica con otras rancherías de la región. Fue justo ahí donde vimos el retén. Me sorprendí porque nunca había visto tantos militares juntos. Además de los soldados también había policías y alcancé a reconocer a Antonio Ramírez, la autoridad de Copala, y a otros enemigos de mi padre.

Mamá nos dijo: "Hasta aquí", y me pasó a mi hermanito. Me lo amarré a la espalda con el rebozo y le agarré fuerte la mano a Emma. Ella caminó hacia donde estaban esos hombres. La vimos alejarse con la cubeta de las enchiladas y la carne en una bolsita. Mis hermanos y yo nos quedamos a unos cuantos metros de distancia esperando su señal. Desde donde estábamos no escuchábamos nada, pero veíamos cómo el comandante le manoteaba a mi mamá y que ella le contestaba. De repente, el hombre agarró su arma tratando de intimidarla.

Recordé lo que me contaban mis compañeras del internado, de cómo los soldados llegaban a sus comunidades a matar a los hombres y a violar a las mujeres. Temblé de miedo porque entendí que algo malo le podía pasar a mi mamá. Quería ir hacia donde estaba ella, pero tenía muy clarita la instrucción que me había dado. En eso, mamá se giró hacia nosotros y nos hizo la señal con la mano de que nos acercáramos. Respiré porque comprendí que si nos regresábamos a Copala nunca la volvería a ver.

Llegamos a donde estaba parada mi mamá y le agarré su vestido. Los militares le gritaban groserías, la amenazaban, le faltaban al respeto. Yo no podía soportar que le gritaran, pero ella estaba firme y hablaba con mucha seguridad.

—¿Dónde está Juan Domingo, hija de puta?, ya sabemos que está aquí.

—Pues si saben dónde está para qué me preguntan, vayan a buscarlo.

—Dinos dónde está Juan Domingo, porque a eso vas, ¿no?

—Yo les contesto lo que ustedes quieran, pero si les pedí que estuvieran mis hijos aquí es porque estamos haciendo un acuerdo. Necesito que se vayan los niños.

Cuando dijo eso, los policías y los militares se burlaron, pero ella no se echó para atrás e insistió:

—Déjenlos ir.

Cuando ella logró negociar, me dijo: "Vete, ya sabes, vete".

En ese momento entendí todo: que la iban a matar y que tenía que ir a avisarle a mi papá para salvarlo. La instrucción era clara, tenía que correr, pero no podía dejar a mi mamá, una mujer sola con todos esos hombres ahí.

Sí, empecé a correr, pero no avanzaba. Mi cuerpo se resistía a dejarla sola. Mi hermana iba llorando, yo la agarraba fuerte, la jalaba. Ninguna de las dos quería irse, pero yo tenía una encomienda. No podía fallarle a mi familia. No sabía qué hacer.

Según yo, empecé a correr jalando a mi hermana. El nene, mi hermanito Juan, se movía mucho. Yo lo llevaba cargando en el rebozo y creo que también estaba asustado. Cuando llegamos a la carretera, nos detuvimos en un montículo de piedras y me acordé de las palabras de mi papá: "Si me pasa algo a mí, queda tu mamá al frente de ustedes. Si le pasa algo a tu mamá, sigues tú". Ahí reaccioné. Me di cuenta de que si mataban a mis papás nos íbamos a quedar solos. Entonces dije: "Si los van matar, que nos maten a todos. ¿Qué caso tiene vivir?".

Nos quedamos ahí parados, no sé cuánto tiempo. Abracé a mi hermanita y así apeñuscadas nos quedamos llorando una eternidad, unos minutos. No sé, la verdad. Solamente pensaba en mi familia. No sabía a quién salvar o qué hacer. Emma decía que fuéramos por mamá y le dije que sí, ya, la que nos toque. Yo ya estaba decidida a regresar cuando vi que mi mamá venía corriendo con su tenate y con su cubeta. Sentí muchísima alegría de verla.

"¿Qué estás haciendo aquí? —me regañó—. Van a matar a tu papá, te ordené que fueras a Yosoyuxi". Estaba desesperada, enojada. Me jaló la oreja, pero ni siquiera me dolió. Ver a mi mamá viva fue la mayor alegría de mi vida.

Nos echamos a correr por la carretera silenciosa, pasamos las dos primeras curvas. Mi mamá iba corre y corre. Yo la seguía lo más rápido que podía. El bebé, mi hermanito, lloraba, me imagino que lo lastimaba porque lo traía cargando atrás, pero, pobrecito, ni le podía hacer caso. Emma, como era tan chiquita, no lograba seguir las zancadas de mi mamá. Sus piecitos iban tan rápido que parecía que no tocaban el suelo, como si volara.

Ahora la cuestión era salvar a mi papá. Cuando llegamos a la curva principal que era la entrada a Yosoyuxi escuchamos el tatatatata, tatatatata. Las balas, los gritos. Los militares habían llegado antes. Nosotros seguimos corriendo, y cuando llegamos al pie de la carretara para bajar el camino a Yosoyuxi, nos dimos cuenta de que ya no había nada qué hacer. Quemaron las casas, sacaron a las señoras que estaban en sus cocinas y les empezaron a pegar. Los militares llevaron a los abuelitos y a los niños a las canchas de la escuela, había varios heridos.

Mi mamá dijo: "Seguramente ya lo mataron", y lloramos la muerte de mi papá. Ella era la directora del albergue de Yosoyuxi, por eso nos fuimos para allá. En cuanto abrimos la puerta, empezaron a llegar las personas del pueblo a resguardarse. Mi mamá les decía: "Pásense, aquí no pueden entrar los soldados, porque si entran los voy a denunciar".

Los abuelitos apenas y podían caminar, los niños no dejaban de llorar y muchas señoras venían cargando a sus bebés. Mi mamá sacó alcohol para curar a los heridos. Por la noche cortaron la luz. A oscuras, mi mamá y otras señoras prepararon la cena para todos. Acomodaron a la gente en el dormitorio de los estudiantes, y ahí nos quedamos a descansar. Todo el pueblo estaba en silencio y olía a quemado. Nosotros estábamos seguros de que ya habían matado a mi papá. Durante la tarde mi mamá estuvo ocupada. Yo me hice cargo de mis hermanos, les di de cenar y los acosté.

Al día siguiente, mi mamá nos levantó muy temprano, todavía estaba oscuro. Ya no había nadie en el albergue. Nos vestimos rápido y salimos a la calle. En el camino nos encontramos con un joven compañero de mi papá y él nos guio. El olor a pólvora me provocó escalofríos. Empezamos a caminar. Nuevamente teníamos que atravesar el monte. Cuando llegamos a una lomita, nos detuvimos para arreglar nuestras cosas. Apenas estaba amaneciendo. En eso, vimos cómo unos hombres armados salieron de entre los árboles, eran los compañeros de mi papá y algunos eran de Yosoyuxi. Reconocí a uno de ellos, era mi papá. Venía riéndose. No sé qué estaban platicando entre ellos. Nos abrazó mucho. Él siempre ha sido muy cariñoso.

Mi mamá le contó lo que nos había pasado. Le explicó que cuando la soltaron en el retén encontró a un niño que estaba cuidando a sus chivos y le dijo que avisara que estaba por llegar la partida militar. Ese niño le informó a otro a chiflidos y ese otro a uno más hasta que llegó el mensaje para que pudieran escapar. De esa forma nos comunicábamos. Cada uno de nosotros sabíamos cómo teníamos que actuar.

Ese día fue todo alegría porque estábamos juntos y vivos. Recuerdo que mi papá me dijo: "No llores, tú debes estar siempre fuerte y de pie". Hasta ese momento yo no había entendido bien a bien qué estaba haciendo mi papá allá afuera y por qué era importante el MULT, pero cuando vi a los hombres con sus familias comprendí por qué teníamos que denunciar la violencia que estábamos viviendo en nuestras comunidades y lo urgente que era que todo el país conociera nuestros problemas como pueblo triqui. Ahí entendí que no sólo basta con resistir, sino que hay que salir a luchar.

Mi vida cambió para siempre. Mi miedo se convirtió en rebeldía. Entendí que no se trata solo de sobrevivir, hay que tener dignidad, luchar, alzar la voz, porque somos muchos los que estamos viviendo lo mismo. Comprendí que yo era parte de una lucha colectiva y que no me podía dar un minuto de descanso porque lo que vivíamos era un abuso. Decidí que pasara lo que pasara, no iba a agacharme. Me iban a ver siempre de pie, sin flaquear. No podía darme el lujo de sentirme derrotada.

Capítulo 4

OTRA FORMA DE SOBREVIVIR

Cada vez que veía a mi papá me recordaba que tenía que estudiar y prepararme, porque la ignorancia era el mayor enemigo del pueblo. Ya tenía mi certificado de primaria y estaba preocupada porque no sabía qué sería de mi vida cuando las clases terminaran y me tuviera que ir del internado.

Desde que mis tíos y mi abuela habían intentado casarme, comencé a tener miedo de que esa fuera mi única opción. Sentí una gran necesidad de escapar. Yo no sabía qué pensaban mis papás porque vivían fuera, pero yo estaba aquí, en mi mundito que era el internado.

A partir del incidente del retén me volví más dura. Resolví que ya no sería tan emocional y actuaría con la cabeza fría. Hablé con las monjitas sobre estas preocupaciones y me ofrecieron asistir a un curso para ingresar al noviciado y unirme a su orden religiosa. Esa propuesta fue la ventana de escape que estaba buscando. Les dije que sí y les avisé a mis papás que las monjas me habían invitado a un curso, pero sin explicarles de qué se trataba; me imagino que creyeron que era una capacitación relacionada con la escuela.

Estuve yendo al curso varias semanas, pero un día una maestra le dijo a mi mamá que yo había progresado mucho y que creían que estaba lista para ingresar a la orden y entregarle mi vida a Dios, incluso le explicaron que como había estado en el internado, me sabía todas las oraciones y que solamente había que reforzar algunos conocimientos para que pudiera tomar los hábitos.

Mi mamá me sacó de ahí inmediatamente. Al siguiente fin de semana le contó a mi papá lo que estaba haciendo. Él me reclamó, me preguntó que si estaba loca, me regañó horrible. Me llevó al centro donde estaban las madres y pidió hablar con la directora. Salió muy rápido a atendernos porque mi papá estaba echando madres.

—No es justo, uno les da la confianza, les da la mano y se agarran el pie.

—¿Qué pasó, Juanito? ¿Cómo estás?

—¿Que cómo estoy?, pues bien encabronado con usted. ¿Cómo es posible que allá en Copala les he echado la mano cuando ustedes necesitan cosas y ahora me están fregando a mi familia? ¿Cómo que mi hija está estudiando para ser monja?

La superiora le trataba de explicar que yo había decidido tomar el curso por mí misma, que nadie me había obligado, que era una convocatoria abierta a todas las niñas y que incluso ya había una joven triqui que estaba en la congregación. Pero a mi papá nadie lo calmaba y les gritó: "A mí me vale madres, mi hija va a estudiar. No va a ser monja. Ustedes debían capacitarla para que estudiara. Esta es la primera y última vez que yo veo que ustedes abusan de esta manera de mi persona, de mi familia… si vuelven a hacer algo así, se rompe la relación".

Cuando se terminó de desahogar, me agarró del brazo y me sacó de ahí, pero llegando a la casa me dio mi sermoneada. "Siempre te he preparado para que estudies, para que aprendas. Dime, Bety, ¿qué vas a hacer por el pueblo como monja? Tienes que prepararte, seguir estudiando: la secundaria, luego la preparatoria y si puedes la universidad…". Esa fue mi salvación, abracé a mi papá. Le confesé que yo no quería ser monja, pero que, como en el internado de Copala no había secundaria, creí que ya no iba a estudiar.

Aquí no es tu pueblo, aquí hay ley

Huajuapan es una ciudad grande y rica, pues se encuentra a medio camino entre la capital de mi estado, Guerrero y Puebla, lo que le da un papel estratégico en la economía, la política y el comercio del sureste de México.

Fuimos a pedir informes a un internado en esa ciudad que pertenecía a unas religiosas diocesanas. Para mantenerme a salvo, nuevamente estuve en un internado de la misma congregación de Copala, pero ahora en Huajuapan. Y las monjitas le recomendaron a mi papá la secundaria privada Teresita Martín porque también era administrada por monjitas, solo que de otra Congregación. Acordaron que me iría y me regresaría de la escuela con otras muchachas que también vivían ahí. Mi mamá solventó todos los gastos de estudiar en una escuela privada. Me compraron una cama y mis propios utensilios, tenía un lugar particular donde podía guardar mis artículos personales, porque, a diferencia del internado en Copala, aquí todo se tenía que pagar.

Solamente estudié un año en ese colegio. Fue difícil porque yo no hablaba bien el español, y se burlaban de mí. Casi todas las muchachas que vivíamos en el internado veníamos de fuera. Algunas estudiaban la secundaria, otras la preparatoria o asistían a institutos donde se impartían carreras cortas para taquimecanógrafas, auxiliares contables o secretarias. Por la mañana asistíamos a la capilla a rezar. Debía cooperar en algunas actividades, como barrer el corredor, el dormitorio o el patio, donde tenían un jardín y había un espacio para quemar basura. Al lado del internado, las religiosas tenían un jardín de niños y me tocaba hacer el aseo del patio donde jugaban los pequeños. Yo ya sabía lavar trastes y hacer comida, pero ahí aprendí a cocinar otros guisados más elaborados como pollo con verduras o en mole, porque en la primaria comíamos sencillo y nutritivo: frijoles, arroz, huevo o sardinas, lo que se conseguía a buen precio, y las verduras de la hortaliza del curato. Compraban la despensa a granel para que alcanzara para todos los que vivíamos ahí.

En el internado de Huajuapan vivíamos entre 10 y 12 señoritas. Como no éramos muchas, las monjas tenían más atenciones con nosotras. Ya no nos enseñaban a bordar, sino a tocar el piano o a vocalizar. Teníamos un coro y nos presentábamos en algunas iglesias y en el seminario. Por las tardes me gustaba leer. Teníamos acceso a libros de poesía, historia y novelas. Encontré un ejemplar de la Constitución y me ponía a estudiar acerca de los derechos y las leyes. La instrucción era completamente diferente a Copala, donde se trataba de sobrevivir; en Huajuapan tuve otro tipo de formación. Me volví más analítica y crítica. Siempre andaba cuestionando todo. Las monjitas me decían que era muy preguntona. Me esforcé para aprender a hablar bien el español.

Me relacioné con muchachas y señoritas que venían de otros lugares. Todas teníamos una historia triste por la cual no estábamos viviendo con nuestros papás. Ellas me narraban cómo eran las ferias en sus pueblos y yo les contaba sobre los problemas de mi comunidad. Me hice amiga de una niña, nos decían "las parcitos", porque siempre estábamos juntas. Ella lloraba mucho porque extrañaba a sus papás. Yo la acompañaba y, aunque no quería admitirlo, también necesitaba a mi familia. Extrañaba Copala, que, aunque era hostil y violento, me daba seguridad porque ahí estaba mi casa.

En la secundaria supe lo que era la discriminación y comprendí a lo que se refería mi papá cuando hablaba de cómo eran tratados los indígenas. En Copala yo no había sentido eso, porque todas veníamos de la misma zona. Yo no entendía por qué mis compañeros en la secundaria se burlaban de mi forma de hablar, de mi manera de caminar. Yo quería participar en las actividades que se realizaban en el colegio, pero las mismas monjitas me limitaban. Casi todos los alumnos eran güeritos, hijos de empresarios o comerciantes de la ciudad, de gente de dinero. En el recreo comía sola porque cada vez que intentaba integrarme me rechazaban. Perdí ese espíritu participativo y alegre que tenía en Copala. Yo quería saber qué había de malo en mí, por qué no me respetaban, por qué no me escuchaban. Empecé a cohibirme, intentaba encajar, pero no me identificaba con ellos. Yo quería regresar a Copala.

Las madres del internado siempre nos motivaban mucho. Nos decían: "No se achicopalen. Estos chamaquitos son hijitos de papá, pero ustedes tienen que ser mejores. No porque sean mujeres van a andar pensando primero en novios. Prepárense, estudien".

En Huajuapan me tocó ser la alcahueta de mis compañeras mayores. Cuando terminaban las clases nos teníamos que regresar juntas al internado por la calle Morelos, pero las que tenían novio nos amenazaban para irnos a una calle cerca de la catedral de la ciudad, que está justo en el centro. Se ponían a noviar mientras las más chiquitas les cuidábamos las mochilas. Nos volvimos un grupo muy leal, porque si algo le pasaba a una, nos metíamos en problemas todas.

En una ocasión hubo un partido de voleibol donde se enfrentaron las alumnas de tercero A contra las del B. A dos de ellas les gustaba el maestro de educación física. Al terminar el encuentro nos regresamos juntas al internado, como siempre. Las grandes iban adelante, y nosotras, las chiquitas, detrás. En la esquina de la escuela, cerca del mercado, se nos acercó otra niña y a una de mis compañeras grandes le entregó un papel que decía: "Te voy a madrear, prepárate". Seguimos caminando entre la gente. Nos estaba siguiendo un grupito de muchachas y nos lanzaban cáscaras de fruta. De pronto, corrieron y nos cercaron en una esquina. La niña a la que le gustaba el maestro golpeó a mi amiga y ella le respondió con un puñetazo en la cara. Las grandes tiraron sus mochilas. Cada una agarró a su pareja, parecía un vals.

La líder me ordenó que agarrara las mochilas. Una niña a la que le decían "la Negrita" intentó quitarme las mochilas y escuché que le gritaron: "Madréatela, negra". Intentó cachetearme y jalarme del cabello, pero la esquivé. Me defendí y le di una patada en el estómago. Se quedó sin aire. De negrita que era se puso morada. Ya no se levantó y una gritó: "La mató, la mató". Nos colgamos las mochilas y salimos corriendo hacia el internado. Yo estaba llore y llore porque de verdad creí que la había matado. La directora se enteró de todo y me mandó llamar y me dijo: "Bety, aquí no es tu pueblo. Aquí hay ley. Sabes lo que hiciste, y si la ley dice que eres culpable, tendrás que asumirlo". Sentí terror.

En la noche nos reunió a todas las involucradas en el comedor y nos regañó, nos explicó que la niña estaba bien, que solamente se le había ido el aire, y sentí alivio. Las monjitas nos dijeron que no podíamos volver a caer en provocaciones. A partir de ahí, nos respetaron en la escuela, más cuando se enteraron de que yo era triqui. Fue una de esas historias que marcaron mi formación. Supe que podía defenderme y de dónde venía mi fuerza.

La sobrina de la directora del internado, Teodora, era muy amiga de Verónica, que andaba de noviera, y como era de las más grandes, se hacía lo que ella decía. En una ocasión, se quedó de ver con un chamaco en el panteón municipal. Un taxista nos vio y supo que éramos alumnas del instituto Teresita Martín. Llamó por teléfono a la estación de radio local para informar que unas niñas de la secundaria privada estaban noviando en el panteón. Toda la ciudad se enteró, y la directora de la escuela le habló al taxista para que nos llevara de regreso. En eso llegó una patrulla municipal. Yo me puse muy nerviosa cuando vi a los policías vestidos con su uniforme azul, idéntico a los que estaban en el retén la vez que fuimos a buscar a mi papá en Semana Santa. No sabía lo que nos iban a hacer y solo por esas chamacas que vinieron a noviar. Afortunadamente nada más nos llevaron a la escuela. Cuando entramos al colegio, nos estaban esperando en la dirección las religiosas encargadas del internado y las maestras de la secundaria, además de la autoridad de Huajuapan. La madre del internado se hizo responsable de nosotras. Estaba enojadísima, nos castigaron y mandó llamar a nuestros tutores. Mi papá llegó ya de noche. Le expliqué que las muchachas grandes nos habían amenazado. La directora le dijo que estaba muy avergonzada porque una de esas niñas era su sobrina.

Mi papá nunca me había levantado la mano, pero esa noche me dejó la piel marcada con su cinturón. Me pegó en los brazos y en la cara. Estaba enojadísimo. A pesar de que yo le había explicado que no tenía la culpa, él me dio mi correctivo. Por primera vez sentí mucho rencor hacia mi papá, porque por una situación en la que yo no tenía nada que ver me hizo pagar las consecuencias. Nunca me había tocado, jamás. Sentí mucho coraje y rabia. Me dijo que era para que no quisiera tener novio, porque primero era la escuela, que me habían mandado a estudiar y no a andar de loca con los muchachos.

A Teodora, su tía la golpeó con un látigo de espinas enfrente de todas las internas. Fue un ejemplo para las demás. Eso ocurrió a principios de año y nos volvimos más disciplinadas. Yo aprendí que mi papá podía llamarme la atención y corregirme, que él ya era mi tutor y que estaba bajo su responsabilidad. En Copala las monjitas eran quienes me castigaban, pero nunca a ese nivel.

Después de esa golpiza, empecé a tenerle miedo a mi papá, pero entendí que si había salido de Copala era para estudiar y que no tenía que distraerme porque ya tenía claro cuál era mi proyecto. Yo no me veía siendo la primera o segunda esposa de un triqui, con 10 hijos, sino terminando mis estudios. Ese correctivo me ayudó para no desviarme de mi camino. En Huajuapan llegué a un ambiente más liberal; en Copala a las muchachas las casaban y en Huajuapan ellas escogían. Esas experiencias me hicieron tener un criterio más independiente y fuerte, pero también responsable, con lo que yo quería hacer de mi vida.

Continué estudiando en el instituto y viviendo en el internado. Durante esa época tuve una relación muy cercana con mi papá. Él me contaba sus planes, lo que pensaba, y me preguntaba qué opinaba.

Yo no le contaba todo. Sabía que él estaba sufriendo y no quería molestarlo con mis problemas. Tenía tantas ganas de decirle que ya no quería seguir en esa escuela, que ya me quería salir de la secundaria. Pero no podía. Él me contaba sobre los esfuerzos que compartía con mi mamá para que pudiera estar resguardada en el internado. Sabía que una de las condiciones para estar ahí era, precisamente, asistir a esa escuela. No podía rajarme. Siempre traté de asumir las cosas como venían. Empezamos a tener una comunicación más cercana, más sincera. Disfruté tanto su compañía. Él asumió el papel de padre cuidador. Asistía a las reuniones de la escuela y en esa etapa de mi vida conocí a un padre diferente.

Un sábado, estaba haciendo el aseo del patio central del internado. Las madres acostumbraban oír el radio que estaba conectado a una bocina que usaban para los homenajes a la bandera. Transmitían la hora de las complacencias y luego empezaron las noticias, de repente escuché que en una marcha del Movimiento de Unificación y Lucha Triqui en Oaxaca habían matado a balazos a Juan Domingo Pérez Castillo. El corazón se me paró. Mi papá, mi protector. Nuevamente mi mundo se derrumbó. Me volví a sentir vulnerable porque sabía que mi vida iba a cambiar si ya no estaba con nosotros el jefe de la familia. Me imaginé que iba a tener que dejar la escuela para cuidar a mis hermanos y ayudar a mi mamá. Empecé a llorar, estaba desesperada. Las madres me escucharon gritar y se acercaron a mí, les dije que acababan de matar a mi papá en Oaxaca. Trataron de tranquilizarme, me dieron palabras de aliento, ya no sabían qué decir para calmarme, yo no podía dejar de llorar. Quería salir de ahí, pero no podía. La madre directora empezó a investigar, a hacer llamadas por teléfono.

Esa noche no dormí nada. Hasta el domingo por la tarde, me mandó llamar la directora y me dijo: "Mira, hija, tienes que ser muy fuerte. La noticia más importante es que tu papá está vivo, pero vamos a rezar para que Dios le dé más vida. No te voy a engañar, Bety, está entre la vida y la muerte".

Mi mamá llevó a mis hermanitos a Copala y los dejó al cuidado de mi abuela. El lunes empezaron a llegar las chicas para ir a la escuela y se enteraron de lo que había pasado. Recibí la solidaridad de mis compañeras. En el camino me decían que ya no estuviera triste, que me riera, pero yo no podía. Esa semana, la escuela fue horrible, se burlaban de mí sin saber por lo que yo estaba pasando. Deseaba tanto irme de ahí, ya no soportaba más esa escuela. Lo único que quería era estar con mi papá.

Al siguiente fin de semana llegó mi mamá al internado. Tuvimos una plática muy dura, porque yo ya no era del todo una niña, pero tampoco era grande. Me dijo: "Ya no podemos estar en Copala, porque a tu papá lo pueden matar en cualquier momento. Pienso irme a Oaxaca, pero tú te vas a quedar aquí, al menos hoy y mañana, con tus hermanos. ¿Crees que puedas hacerte cargo de ellos? No queda de otra, hija. Así como te hiciste cargo en el internado en Copala, ahora ya no habrá alguien que te guíe o te auxilie. Tú vas a estar al frente. ¿Crees que vas a poder?".

Le dije que sí. Mis hermanos ya estaban un poco más grandes. Falté a la escuela esos días. Preparaba la comida y jugaba con ellos.

Mis hermanos lloraban, pero ya no hacían berrinches fuertes. Les ponía la tele mientras yo hacía el aseo, lavaba los trastes, les daba de comer. Les enseñaba a dibujar, a pintar. Pero no había manera de comunicarnos con mi mamá, solo esperar a que regresara. Por primera vez, me hice responsable de mis hermanos sola. Cuando mi mamá llegó, me contó que mi papá ya había reaccionado, que llevaba dos días consciente, y que mandaba un mensaje para nosotros: que jamás, jamás nos rindiéramos.

Solamente un disparo

Una noche estaba preparándome para dormir y entró la madre directora a mi cuarto. Me anunció que alguien muy especial me estaba esperando en la dirección. Salí corriendo y en la oficina vi a un señor barbudo, con una chamarra y una gorra. Al acercarme, noté que traía el brazo vendado sobre un cabestrillo. No lo reconocí de inmediato. Pero entonces me habló: "¿Qué pasó, Chiqui? ¿Cómo estás?". Mi papá estaba llorando. Al abrazarlo, sentí una felicidad inmensa. Él representaba toda mi fuerza, mis ganas de seguir.

Salimos del internado y caminamos unas cuadras hasta que llegamos a una feria. Me pagó un juego de canicas para distraerme. Cuando me dieron mi premio me tomó de la mano y con la voz cortada me explicó que nunca había esperado darme esa vida. Me abrazó y me dijo: "Te necesito, en cualquier momento me pueden matar".

Después me invitó unas memelitas. Mientras comíamos, me contó cómo intentaron matarlo. Después de una marcha con el MULT, mi papá se fue a la Casa del Estudiante a descansar. Al doblar una esquina escuchó que alguien lo llamaba. Giró la cabeza y vio el cañón de una pistola apuntándole al pecho. El disparo iba directo al corazón. Por reflejo alzó el brazo, y logró desviar la bala. Sintió su cuerpo pesado como si un imán lo jalara. Trató de incorporarse, y entonces, entre las sombras, vio a su atacante hincado frente a él, sosteniendo el arma, listo para rematarlo. Mi papá se arrastró como pudo hacia la puerta de la Casa del Estudiante. El brazo le ardía. Sus compañeros salieron al escuchar el disparo, pero el atacante ya había desaparecido.

Me mostró su herida. "Papi, váyase lejos", le dije.

Unos días después, mis papás decidieron que era tiempo de salirme del internado porque mis hermanitos corrían peligro en Copala y era mejor que yo los cuidara. Me cambiaron a una secundaria federal que se llama Benito Juárez, y rentamos una casa en Huajuapan. Mi papá me explicó que debía proteger a mi familia. Me enseñó que en caso de peligro nos debíamos colocar en la esquina de la puerta. Alrededor de la casa no había más construcciones, así que podíamos salir corriendo en caso de ser necesario.

Un día llegó a la casa como a las cuatro de la madrugada y me llevó a un rancho, no sé dónde estaba, ni a quién pertenecía. Me entregó mi primera arma. Me dio las balas y me dijo que con la violencia no se resolvían los problemas, pero que era solamente para estar prevenidos. Me explicó cómo debía cargarla: primero el seguro, luego las balas, siempre con las manos firmes y los ojos atentos. "Si disparas, hazlo al aire si solo quieres ahuyentar; pero si apuntas, no lo hagas al ras del suelo, porque la bala puede rebotar y herir al que está a tu lado". Me mostró cómo sostenerla, cómo poner el dedo fuera del gatillo hasta estar segura. Me enseñó a no temblar, a respirar antes de jalar.

Los vecinos de mi cuadra nos contaron que una pandilla de cholos andaba robando en la colonia. Se llevaban lo que encontraban: triciclos, bicicletas, herramientas. La casa solo tenía dos habitaciones y un patio donde estaba el tanque de gas. Una noche, Emma me despertó porque escuchó gente afuera. Nos acercamos a la puerta y escuchamos cómo los rateros intentaban cortar la cadena del tanque. Fui por el arma que escondía debajo de la cama, la preparé, le quité el seguro y dije: "En el nombre sea de Dios". Me acerqué a la puerta y apunté hacia arriba, por donde tenía un par de ventanitas de vidrio, apreté el gatillo.

Los rateros se fueron corriendo y dejaron sus cosas tiradas. Mis papás habían rentado esa casa justamente porque no tenía ventanas grandes, solo esa ventanita por la que saqué la pistola. Mis papás siempre buscaban casas así, para que nadie pudiera meterse.

Al poco rato volví a escuchar voces y ruido afuera. Eran los vecinos, que estaban preocupados por nosotros. Vieron el tanque y la cadena medio rota. Estoy segura de que todos comprendieron lo que había pasado. Para disimular, una señora me dijo: "Mira, muchacha, yo creo que querían robarte y alguien los asustó". A mí me convenía esa versión. Sin embargo, los vecinos cercanos no se tragaron el cuento, me dijeron que sabían que yo había disparado, pero que comprendían que había sido para cuidar a mi familia. Antes de dormirme esa noche, le pedí perdón a Dios.

A partir de ese día, la colonia se sintió más segura, los cholos nunca volvieron a poner un pie por esos rumbos. Emma y Juan me miraban diferente. Comenzaron a pedirme permisos y creo que se sentían protegidos. Aunque me gané el respeto de los vecinos y de mis hermanos, esa no era la admiración que yo quería. Ellos me conocían como la niña que iba a comprar pan, la que participaba en las reuniones vecinales, la que daba la cooperación de mi familia para pavimentar la calle y pagaba la luz, no como la niña que tenía una pistola y daba miedo.

Si yo hubiera estado en Copala y hubiera disparado, no habría sido solo una vez, porque allá es matar o morir. Ese único disparo me hizo ver cuánto poder te da un arma. Con solo sostenerla eres capaz de doblegar a las personas, y ese poder es una ilusión que te deshumaniza, te hace creer que eres fuerte cuando no es así. Te nubla la mente y no te permite ver el verdadero valor de la vida: saludar, abrazar, desearle lo mejor a alguien.

Mi pueblo merece otra oportunidad, porque no debería haber armas que nos dobleguen ni que nos obliguen a lastimarnos. ¿Cuál es la finalidad de matar a nuestra propia sangre? Si a mí me dolió tanto una bala al aire, ¿qué será disparar directamente a un ser humano? ¿Cómo se vive después de hacer algo así?

Capítulo 5

DE CUIDAR A SER CUIDADA

¡Qué curioso que una enfermedad pueda terminar siendo uno de los mejores recuerdos de la vida!

Desde los 12 años, la ciudad de Huajuapan de León se convirtió en mi segunda casa. Dicen que es heroica porque durante la Independencia las tropas del coronel insurgente Valerio Trujano resistieron el sitio más largo de toda la guerra. Yo también tuve mi sitio y mi etapa heroica en esta ciudad.

Desde la noche en que mi papá se despidió de nosotros y se fue de Copala todo fue trabajo y responsabilidad. Además de estudiar y proteger a mis hermanos, tenía a mi cargo todas las labores de la casa: pagar los servicios, cocinar, asear. Mi mamá, que siempre fue una excelente administradora, me dejaba unas bolsitas de plástico con el dinero de la semana. Una bolsita para pagar la luz, otra para el teléfono, aquella para el gasto, otra más para abonar a la caja popular.

Mi casa se había convertido en el centro de reuniones del MULT, tenía que apoyar a los compañeros en lo que necesitaran. Particularmente, me encargaba de recibir a los heridos y a sus familias y llevarlos a los hospitales o centros de salud. Algunos venían muy graves, y sus familias necesitaban, además del servicio médico, un consuelo y alguien con quién platicar.

Cuando había marchas del movimiento, llegaban camionetas llenas de paisanos, las estacionaban en la calle y ahí se dormían. Los vecinos no decían nada porque su presencia también los protegía.

Nos unimos a las organizaciones de comerciantes triquis de Huajuapan. Los fines de semana nos íbamos al mercado municipal y a las plazas a vender artesanías y joyería. Esa actividad nos vinculó con otros grupos que nos servían de protección. Mis hermanos y yo aprendimos a trabajar. Dedicarnos al comercio nos permitió tener un ingreso extra para que mi mamá ya no cargara con todos los gastos de la familia, incluso mis primos, que poco a poco habían ido a Huajuapan a estudiar, también se nos unieron. Asumí más responsabilidades, participé en nuevas tareas. En las reuniones, me enteraba de las decisiones y acuerdos que se tomaban a favor de la organización. Me gustaba escucharlos hablar en triqui, entendía todo lo que decían, pero no podía expresarme en mi lengua. Cuando los compañeros estaban en la casa, me tocaba preparar comida para todos ellos y eso era mucho trabajo.

Durante la semana salía de la escuela corriendo para que me diera tiempo de recoger a mis hermanos. Durante todo el camino venía al pendiente de que nadie nos siguiera. Cuando llegábamos a la casa, lo primero que hacía era encerrarnos. Si hacía falta comprar algo o ir a la biblioteca, yo los acompañaba. Quise ser para mis hermanos un buen ejemplo, formarlos, enseñarlos a ser fuertes. Ellos me respetaban, incluso eran cariñosos. Cuando los regañaba lo asumían. Me tuvieron mucha paciencia, porque me equivoqué en varias ocasiones. Yo era una adolescente y ellos unos niños que querían jugar y divertirse.

Cuando Emma o Juan reprobaban una materia o se metían en algún problema, las chingas eran para mí. Mi mamá se volvió más dura conmigo y me pegaba porque yo era la que estaba al frente de la familia y mi principal responsabilidad era que ellos estuvieran bien, y cualquier error suyo recaía en mí. Era consciente de que les había dado a mis padres mi palabra de que los cuidaría, pero a veces era demasiado. Los maestros y los vecinos me respetaban porque sabían que estaba sola sacando a mis hermanos adelante, sin embargo, mi carga era mucho más pesada de lo que se imaginaban.

Un domingo me empecé a sentir mal. Creí que me había hecho daño la comida y no hice mucho caso, y el dolor se hizo más fuerte. A ratos parecía calmarse, pero siempre regresaba. Se me hinchó el estómago, tenía náuseas y fiebre. Afortunadamente, como era fin de semana, estaban mis papás en la casa y me llevaron a un hospital del IMSS. Era apendicitis, me tuvieron que operar. A la hora de visitas llegaron mis papás, los dos, juntos. Esa fue la segunda vez que vi a mi papá llorar.

Para muchos adolescentes puede ser ordinario e incluso fastidioso que sus papás estén al pendiente de ellos, pero para mí, las atenciones que me brindaron durante las dos semanas de mi recuperación son el recuerdo más bonito de mi vida. Mi mamá pidió un permiso especial en su trabajo para cuidarme y mi papá también se quedó en casa. Me consintieron muchísimo, me preparaban gelatina, me daban mi medicina, se sentaban conmigo en el patio a tomar el sol y platicar. Viví esos días con una sensación muy clara de que sí me querían y me daban su amor.

Mi equipo

Al terminar la secundaria me matriculé en el Colegio de Bachilleres de Huajuapan (el Colegio de Bachilleres de Oaxaca —Cobao—). Emma ya tenía 13 años, ya no estaba tan chiquita, así que aproveché y le dije que ya no podía estar con ellos todo el tiempo y que se tenía que hacer cargo de Juan, fue mi estrategia para conseguir un poco de libertad.

Llegué a mi primer día de clases con mucho miedo. Mi nueva escuela quedaba lejos de la casa, y para regresarme tenía que tomar un camión. El problema era que no pasaban muchos, y cuando llegaban, venían llenos. Me daba miedo subirme a un taxi porque los hermanos de Antonio Pájaro eran taxistas. Una vez, uno de ellos me persiguió en su coche. Yo venía caminando sola por la calle cuando me cerró el paso y me arrinconó contra la pared. Por suerte, encontré un espacio, un hueco pequeño por donde logré meterme y escapar corriendo. No sé qué pretendía hacerme, pero me espanté mucho. Por eso prefería caminar, aunque siempre estaba pendiente de mi entorno.

En la escuela, además del plan de estudios regular, teníamos que inscribirnos a una materia optativa, yo no sabía qué escoger. Estaba sentada en el patio de la escuela cuando se me acercó un muchacho y me pidió un lápiz prestado. Me comentó que se llamaba César Morales y me preguntó qué optativa iba a escoger, le respondí que no tenía idea. "Vamos a meternos a computación, ¿cómo ves?", me propuso. Convencimos a otros compañeros para que se inscribieran a la misma clase y armamos un grupito de amigos entrañable.

A César le encantaban las computadoras. Le hacíamos más caso a él que al maestro. Nos enseñaba a jugar Pac-Man y otros juegos de la época. Su entusiasmo era contagioso. Nos ayudaba con nuestras tareas porque, a decir verdad, los demás apenas y entendíamos las clases.

Alma Rosa, César, Delia, Luis Longinos, Nelly, Sonia Onofre y Sonia Silva se convirtieron en mi equipo. Más que mis amigos eran mi segunda familia. Me ofrecieron la solidaridad y el cobijo que no pensé encontrar en Huajuapan.

Con mis amigos del Cobao me sentía libre, podía hablar de cualquier tema con confianza. Por primera vez me reía a carcajadas. César y Luis me acompañaban a mi casa después de la escuela. En una ocasión estábamos platicando sentados en la banqueta cuando vi que mi papá se bajaba de un taxi en la esquina. Venía caminando hacia nosotros con la cara desencajada, de repente veo cómo se mete la mano a la chamarra e intenta sacar un arma. "Ya te había dicho que no puedes tener novios", me dijo mientras trató de apuntar a mis amigos, pero mi mamá intervino para calmarlo y ocultó el arma para que no pasara a mayores. Mi papá siguió gritando: "¿No te da vergüenza?, hasta con dos". Luis no hallaba cómo reaccionar, se puso blanco. César se levantó, le explicó que eran mis amigos del bachillerato y que me venían a dejar porque sabían de nuestra situación. Trató de apaciguarlo. La rabia desfiguraba sus facciones. "Solamente estamos esperando nuestro transporte para irnos a nuestras casas", soltó César. Mi papá me ordenó que me metiera a la casa, lo obedecí con el terror de escuchar un disparo, afortunadamente solo oí el portazo a mis espaldas.

¿Cuándo en su vida mis amigos se iban a imaginar encañonados por un arma? No me aguanté el coraje y le reclamé. Eran mis cuates, mi equipo. ¿Por qué no tenía derecho a tener amigos? Yo ya era una mujercita, estaba creciendo y quería salir, convivir con muchachos de mi edad. Me dijo claramente: "Si te encuentro con un novio, se mueren los dos". ¿Por qué me amenazaba así? No entendía por qué mi papá me trataba de esa manera.

Cuando estuvimos más calmados me explicó que temía que algo nos pasara a mí o a mis hermanos. "Yo los saqué de Copala para que estuvieran seguros y su vida fuera diferente a la mía. No te lo digo para que no tengas a tu pareja, a tu novio; va a llegar el momento, pero entiende que, en nuestra situación, un novio te puede utilizar, ganarse tu confianza y secuestrarte. No sabemos quién está de qué lado y antes de que un cabrón te lleve, prefiero matarte yo para no dejar que te hagan daño".

Ahora comprendo que él temía que alguien me pusiera una trampa, que me involucraran en algo peligroso, que usaran a un supuesto novio para hacerme daño. No era como en Copala, donde todos conocían a todos; en Huajuapan era muy peligroso confiar.

Yo sentía que ya había cumplido con mi parte. Siempre obedecí sin reclamar. ¿Qué más tenía que hacer para que confiara en mí? Era evidente que la violencia de Copala se había filtrado tanto en mi vida que incluso perjudicaba mis relaciones personales.

Cuando le conté a mi mamá lo que había pasado se puso de mi lado e intentó que a mi papá le cayera el veinte. Habló con César y con Luis, vinieron a la casa. No se intimidaron, le dijeron que yo era su amiga y que no tenían ninguna otra intención conmigo, incluso se comprometieron a acompañarme a la casa y a cuidarme. Yo seguía sintiendo vergüenza con ellos y les pedí perdón por lo que había hecho mi papá.

La verdad, en ese momento no me interesaban los novios. En esa etapa de mi vida estaba más interesada en disfrutar el tiempo con mis amigos y vivir mi momento. Me limité mucho en ese tema porque sabía que mi papá cumpliría su amenaza sin dar explicaciones.

Un pasamontañas y una pipa

En el bachillerato tuve un profesor que definió mi vida. Se llamaba Juan Pablo Montes, era periodista. Nos daba Historia de México, pero aprovechaba sus clases para hablarnos de los movimientos sociales y las luchas de la izquierda. Quería despertar en nosotros la conciencia social, confrontaba nuestros valores y costumbres y pretendía que pensáramos más allá de nuestro mundo de jóvenes. Nos daba a leer textos con contenido político y luego organizaba debates para que aprendiéramos a defender nuestros puntos de vista. Me identifiqué inmediatamente con su pensamiento revolucionario. Nos apoyaba para organizarnos y armar protestas. Gracias a su influencia, mi grupo de amigos y yo nos volvimos los rebeldes del Cobao. No nos quería callados, deseaba que fuéramos críticos con las reglas de la escuela que considerábamos injustas. No teníamos miedo a que nos expulsaran, y en algunas ocasiones armamos protestas en la dirección.

En esos años estaba segura de que la vía pacífica no era suficiente para solucionar las necesidades que teníamos en Copala, pero empezaba también a cuestionar el uso de las armas. Cuando mi maestro me discutía sobre esto, yo le explicaba que en mi comunidad nacíamos y crecíamos con las armas porque esa era la única forma de resistir que conocíamos, que para nosotros luchar era inevitable. ¿Cómo íbamos a defendernos con palabras frente a las balas del ejército, de los caciques, de la policía? No nos quedaba otra opción.

Después de las clases con el maestro Juan Pablo, regresaba a mi casa con ese espíritu guerrillero y les decía a mis hermanos: "Pónganse chingones, porque si no nos queda de otra, habrá que agarrar las armas". Ellos me miraban como si estuviera loca. Al final, desaté un caos en mi familia. Mi hermana empezó a rebelarse, mi hermano igual, pero sentía que era mi obligación abrirles los ojos, porque si los seguía protegiendo nunca aprenderían a defenderse. A veces pienso que con mi rebeldía quise sacudir al mundo, y de paso, zarandeé a mi familia.

Cuando estaba cursando el segundo año del bachillerato, mi papá decidió irse a vivir a Oaxaca. El trabajo de la organización era cada vez más demandante. El MULT había crecido mucho, tenía varias células e integrantes repartidos en una gran cantidad de comunidades. Por cuestiones de logística, las reuniones se comenzaron a realizar en la capital del estado, por eso decidió vivir allá en la Casa del Estudiante. Yo me quedé en Huajuapan como responsable del hogar y de mis hermanos.

Cuando estudiaba en el Colegio de Bachilleres creía que en Huajuapan se tomaban las decisiones políticas que mantenían a mi comunidad en un estado permanente de violencia. Sin embargo, el 1º de enero de 1994 mi historia y la del país cambiaron de manera radical e indeleble. En Chiapas, en medio de la Selva Lacandona se escuchó el grito de libertad. Un grupo de hombres y mujeres se levantó en armas contra el gobierno federal y estatal con la intención de reivindicar los derechos de los pueblos indígenas. En la televisión vi al subcomandante Marcos, con su pipa y pasamontañas. No sabíamos de dónde había salido ese hombre, pero me identifiqué inmediatamente con su manera de pensar. Sentí nuevamente que la revolución me llamaba.

Al día siguiente, nuestro profesor, Juan Pablo Montes, nos preguntó qué pensábamos acerca de lo que estaba pasando en San Cristóbal de las Casas. Yo fui la primera en contestar. Le expliqué que los abusos que denunciaban los zapatistas eran los mismos por los que el pueblo triqui se había levantado en armas. Él me explicó que, aunque yo creía que era un problema local, los hilos de la política y del poder se manejaban desde afuera y que estábamos a merced de intereses que ni siquiera conocíamos. Me empezó a cuestionar: "¿Sabes por qué empezó el conflicto de ustedes? ¿Sabes por qué hasta ahora el pueblo triqui es conocido? ¿Por qué tuvieron que salir de su comunidad? Tú cuentas tu dolor y lo que viviste, pero ¿sabes desde hace cuántos años viene sufriendo tu pueblo discriminación, abandono, porque no los toman en cuenta y las instituciones no están para ustedes, sino para unos cuantos de afuera? ¿Sabes por qué defienden los intereses de allá y no los de ustedes?". Poco a poco, él fue aclarando mi pensamiento.

Comprendí que el problema era que no supimos desde un inicio que nuestro enemigo estaba afuera. El gobierno fue astuto al decir que el problema era entre nosotros, que peleáramos hasta matarnos, y caímos en su juego. Empecé a entender que mis enemigos no eran los compañeros que se burlaban de mí en la escuela particular, ni los que atacaron a mi familia, ni la Ubisor. Mientras yo vivía en mi mundo de persecución, mientras amenazaban a mi familia, creía que el culpable de lo que nos pasaba eran los de la otra organización, pero la injusticia venía desde mucho más arriba.

Estaba segura de que si el Ejército Zapatista de Liberación Nacional (EZLN) llegaba a Oaxaca, mi pueblo sin problema se uniría a ellos, porque hablaban por todos los indígenas del país. Entonces comenzaron a llegar a Huajuapan células zapatistas, primero a través de las organizaciones sociales. Ahí empecé a tener contacto con otros movimientos que apoyaban al EZLN. Íbamos a reuniones y asambleas en Oaxaca, y ahí nos informaban cómo iba el movimiento, cuándo organizarnos y movilizarnos.

El estruendo del EZLN llegó hasta Huajuapan. El zapatismo se difundió por todo México. Organizamos encuentros en el parque, en la calle, para conversar sobre cómo podríamos ayudarlos. Una tarde propuse hacer pintas en las bardas de algunos terrenos cercanos a la escuela. Me sentía muy orgullosa cuando leía "¡Viva el EZLN!" en las paredes de la ciudad. Teníamos que ser cuidadosos porque en esa época el gobierno estaba muy interesado en las organizaciones sociales. Sabíamos que nos vigilaban, yo llegué a ver militares cerca de la casa. No nos hacían nada, nunca nos tocaron, pero sí notamos que andaban atrás de nosotros para saber qué hacíamos, dónde nos reuníamos y quiénes participábamos en los movimientos.

Huajuapan es un municipio mestizo y urbano, pero con una alta concentración de grupos indígenas. Aquí llegan los compañeros que migran desde sus comunidades en busca de mejores condiciones de vida. Muchos se ganan la vida vendiendo artesanías y algunos productos que traen desde sus lugares de origen. Otros han perdido sus tierras, víctimas del despojo y la usura de los caciques. Algunos, como mi familia, salimos huyendo por la violencia. Por eso nos identificábamos con el EZLN, porque ellos comprendían nuestro dolor y hacían eco de nuestras consignas. Desde un principio su mensaje fue claro: el gobierno no atendía lo que pasaba en nuestras comunidades. Por eso no había políticas públicas para nosotros. No teníamos hospitales, ni escuelas, y tampoco los exigíamos. Al gobierno no le interesa tener un pueblo educado, que critique, que exija. Nos necesitan sumisos. Es mejor para ellos si no hablamos español porque así no entendemos y no preguntamos. Desde el inicio de la guerra en Copala, al gobierno le convino decir que nos matábamos entre nosotros, que era un problema entre triquis, y mucha gente lo creyó, incluso nosotros mismos, pero la verdad es que nuestro conflicto es una estrategia que usaron para arrebatarnos el derecho sobre nuestra propia tierra. Empecé a cuestionar y a dirigir mi enojo, mi rabia, mi indignación e impotencia directamente al gobierno. Ya no era contra los policías, ni los militares, sino contra el gobierno.

Me di cuenta de que son los diputados, los representantes populares, los gobernadores, presidentes municipales, secretarios de Estado los que dictan las políticas públicas y las leyes que rigen nuestras comunidades, y que desde el Congreso federal se decide a quién le llega más presupuesto y a quién no. Durante muchos años nos mantuvieron olvidados. Eso lo entendí casi al terminar el bachillerato. Empecé a plantearme la posibilidad de estudiar Ciencias Políticas o Derecho.

Con mis compañeros del Cobao participamos en las primeras marchas en apoyo al EZLN. Para ese momento, los zapatistas ya no solo se conocían a nivel nacional, sino internacional. Recuerdo que decían que ya había observadores internacionales, y eso nos daba más confianza para salir a la calle y no quedarnos inmóviles. Ahí empecé a tener presencia y participación como activista, ya por mi cuenta, de manera independiente al MULT y a mi papá.

Huajuapan es una ciudad católica, panista y conservadora. Está dominada por una élite de comerciantes con dinero que, además, tienen injerencia en el gobierno del municipio. En esta ciudad, como en muchas en México, los demás, los pobres, no importamos. Esa fue la razón por la que me discriminaron en la escuela privada. En el Cobao, la situación fue muy diferente, la mayoría teníamos las mismas necesidades y problemas. Por eso fue fácil organizarnos.

En el bachillerato recuperé la confianza para expresarme y participar, pero ahora con la convicción de que tenía todo el derecho a defenderme. Me sentí cada vez más orgullosa de ser indígena. Ya no quería quedarme callada. Necesitaba participar en la vida política del país, porque si no lo hacía, unos cuantos seguirían decidiendo por nosotros. Entendí que sin la movilización desde abajo, lamentablemente no habría ningún cambio. El pueblo debía salir y exigir educación, seguridad, justicia, salud.

El movimiento zapatista sacudió la conciencia de la sociedad. Dejó en claro que los indígenas debemos ser partícipes de la vida política del país y que para ello necesitamos conocer cuáles son los hilos invisibles e intereses que ponen en marcha la maquinaria.

Una muchacha normal

En el último año del bachillerato organizamos tardeadas para pagar nuestra fiesta de salida. A mí no me gusta el alcohol, porque durante la época en que mi papá estuvo escondido en Huajuapan cayó en el vicio del licor. Se iba a las reuniones del MULT y decía: "No me esperen". Nosotros nos quedábamos con el Jesús en la boca sin saber dónde y cómo estaba. Después de dos o tres días regresaba borracho, haciendo mucho ruido y escándalo. Los compañeros triquis lo traían casi a rastras, eso me daba mucho coraje, porque mientras nosotros cuidábamos que nadie descubriera dónde estaba, él llegaba tomado. Teníamos que subirlo por las escaleras y acostarlo para que se durmiera pronto. Fue una experiencia muy dura para mí, y por eso hasta el día de hoy no consumo ningún tipo de bebida alcohólica. César y Luis tomaban un poco con sus familias, y mis amigas también, como parte de la convivencia, pero yo siempre fui firme: "No tomo, amigos, de verdad, no me gusta". Sin embargo, en una de esas tardeadas me ofrecieron una coca a la que le habían puesto licor. Me dio un asco tremendo, vomité, sentí mucha pena y a la vez un enorme coraje. Agarré mis cosas y me fui a casa. No quise quedarme.

Al día siguiente me buscaron para disculparse, me explicaron que solo había sido una broma, sin embargo, les dejé en claro que aunque fueran mis amigos tenían que respetar mis decisiones. Desde esa edad entendí que si hay algo que no quiero o no me gusta, pues no lo hago. No tengo por qué permitir que pasen por encima de mis decisiones.

A pesar de todo, durante mis años en el Cobao experimenté una verdadera libertad. Por primera vez en mi vida fui una joven normal, una estudiante que podía tener amigos y disfrutar de su vida sin estarse escondiendo, sin temer por mi vida o la de mi familia. Siempre voy a estar agradecida por haber encontrado ese equipo de compañeros porque me devolvieron la confianza en mí y en mi causa.

El bachillerato significó para mí una primera formación para conocer la vida política, para participar en movimientos en los que todos nos necesitábamos porque todos estábamos sufriendo, cada uno en su comunidad, pero lo vivíamos y lo sentíamos igual. Me estaba preparando para lo que después viví en la universidad.

Capítulo 6

UN ACTO DE RESISTENCIA

En México, ser mujer indígena y aspirar a la educación profesional es un acto de resistencia.

Para la mayoría de las niñas de mi comunidad la posibilidad de hacer un examen de ingreso a una universidad está totalmente fuera de sus aspiraciones. La violencia, las responsabilidades familiares, la pobreza, la migración y el machismo van erosionando poco a poco sus posibilidades. Las niñas y mujeres indígenas no están en la universidad por falta de talento ni de ambición, sino porque el país no se ha preocupado porque así sea.

A mis 17 años, tenía plena conciencia de que yo era una excepción. Desde niña decidí estudiar y estaba a un paso de entrar a la universidad. En el último año del bachillerato, nos invitaron a la Universidad Tecnológica de la Mixteca, que se acababa de construir en Huajuapan. Muchos de mis compañeros querían estudiar ahí porque ofrecía varias ingenierías y carreras con un perfil tecnológico muy atractivo. Sin embargo, yo sabía que no era para mí. Nunca fui buena para las ciencias exactas. Las materias que más me costaban en la prepa fueron Matemáticas, Física, Química y

Biología. Pasaba los exámenes porque era mi obligación, pero no me atraía dedicarme a alguna de esas disciplinas. Mi interés estaba encaminado a las ciencias sociales como la historia, el civismo y la ética.

En una ocasión, el profesor Juan Pablo me dijo que yo podría ayudar más a mi movimiento si estudiaba la Licenciatura en Ciencias Políticas o Derecho; incluso me platicó que la carrera en Antropología podría ser una buena opción. En el último semestre tomamos una materia que se llamaba Orientación Vocacional y fue ahí cuando me decidí que iría al Distrito Federal a hacer mi examen de admisión a la Universidad Nacional Autónoma de México porque quería estudiar Ciencias Políticas.

Investigué cuándo tenía que sacar mi ficha y los días en que se llevaban a cabo los exámenes. Estaba muy emocionada. Mi papá me acompañó a la Avenida del Imán en Ciudad Universitaria. En el camino mi papá me comentó: "Fíjate, hija, que me han dicho que la carrera de Odontología es muy buena. Yo te puedo comprar todos los instrumentos y al salir pones tu consultorio. Yo creo que te iría muy bien", y así todo el camino, duro y dale con que la odontología era mi vocación y que sería una gran odontóloga. No habló de otra cosa en todo el camino.

Cuando me entregaron mis documentos para que eligiera mis opciones de carrera, puse como primera opción Odontología, en segundo lugar, Ciencias Políticas, y al último, Derecho.

El día del examen me paralicé. La gran mayoría de las preguntas eran de álgebra, física, química y biología, muchas fórmulas y casi nada de lo que yo había estudiado. No sabía qué hacer, intenté resolver algunas de las operaciones, pero terminé resignándome y rellené los reactivos al azar, como dicen, al "Ave María, dame puntería". Entregué el cuadernillo y me salí a buscar a mi papá. Creo que él comprendió mi frustración porque me preguntó: "¿A poco sí pusiste Odontología?".

Regresamos a Oaxaca, yo estaba de verdad muy molesta. Por lo menos hubiera sacado mi ficha para la Escuela Normal de Huajuapan, pero estaba tan confiada que ni siquiera pensé en esa posibilidad hasta que me vi en la encrucijada de perder un año. Pasé varios días y noches angustiada por la idea de quedarme uno o dos semestres sin clases. Al terminar el bachillerato, lo único que deseaba era seguir preparándome; no quería quedarme detenida, sin estudiar, sin rumbo.

Cuando salieron los resultados del examen de ingreso a la UNAM, fui a comprar el periódico a un puesto cercano. Estaba completamente segura de que no me iba a quedar, lo hice por compromiso. Busqué mi apellido y nombre en la lista y jamás lo encontré. Me sentía decepcionada y también preocupada porque me había esforzado tanto para terminar el bachillerato y ahora había fracasado. Mi papá me consoló, me dijo que no me preocupara, que no era la única universidad. Me explicó que el MULT, como organización indígena, tenía un acuerdo para solicitar algunos lugares para estudiar en la Universidad Autónoma Benito Juárez de Oaxaca (UABJO). Me preguntó qué carrera me interesaba y yo le dije que Derecho.

Le platiqué a mi mamá lo que había pasado y me dijo: "Yo creo, hija, que tu papá no quería que te fueras a vivir a México sola, tiene miedo". Fue ahí cuando entendí por qué insistió tanto en la odontología. ¡Condenado mi viejito!, ¿cómo me convenció?, ¿cómo no me di cuenta? Hasta la fecha cada vez que nos acordamos de eso nos morimos de la risa.

Unos meses después, mi papá me habló por teléfono y me explicó que ya estaba el espacio para presentar mi examen en la UABJO, que tenía que presentarme la siguiente semana en la Facultad de Derecho para revisar la lista de los alumnos seleccionados, me emocioné cuando vi mi nombre en las listas. A la semana siguiente me presente en Rectoría para entregar mis documentos. "¿Ya ves?, te dije, eso era lo que quería tu papá, tenerte cerca", aclaró mi mamá.

La Casa del Estudiante

Unas semanas antes de que iniciaran las clases en la UABJO llegué a la ciudad de Oaxaca y me instalé en la Casa del Estudiante, donde vivía mi papá desde hacía dos años. Yo no conocía a nadie y el espacio era muy reducido. No tenía cama, ni siquiera un catre. Dormía en el piso, envuelta en cobijas. Las rutinas de mi nueva casa me recordaron mi vida en los internados de Copala y Huajuapan, con la diferencia de que aquí ya no estaban las monjitas para establecer reglas y delimitar horarios. Todos éramos adultos con distintas responsabilidades, pero con la obligación de convivir en los mejores términos posibles.

En Oaxaca, papá tomaba todas las decisiones y yo tenía que obedecerlo. No había espacio para el desacuerdo; su palabra era la ley. Me sentía abrumada, desde muy niña me acostumbré a ser independiente, a tomar mis propias decisiones, y ahora estaba a merced de las necesidades de mi padre. Puse toda mi voluntad para acoplarme a esta nueva circunstancia.

Dentro de la Casa del Estudiante conviví nuevamente con los compañeros y compañeras triquis. Ahí vivíamos jóvenes de diferentes regiones y organizaciones políticas de izquierda de Oaxaca. La mayoría pertenecían a la Coalición Obrero Campesino Estudiantil del Istmo de Tehuantepec (COCEI), que en 1981 ganó, por primera vez en la historia, las elecciones municipales de Juchitán y sacó al PRI del municipio. También, aunque vivían fuera de la Casa del Estudiante y solo iban a reuniones de la organización, había muchachos de los Valles Centrales de Oaxaca, especialmente de la región de la Sierra Juárez y la Chinantla, donde el Ejército Popular Revolucionario (EPR) tenía una célula importante.

Había una sola cocina para todos. Nos organizábamos para usar la estufa y el refrigerador. También había una sala común donde nos reuníamos a planear las movilizaciones. Como nosotros estábamos en la capital del estado, los miembros del MULT que seguían en Copala dependían de nosotros para continuar con la resistencia. A nivel estatal, la organización seguía creciendo políticamente, ya tenía presencia en otros municipios y más interlocución con funcionarios del estado. Al interior de la región triqui, cada vez más comunidades se sumaban, pero eso significaba más violencia porque cada organización defendía las comunidades a las que pertenecía.

Casi todos los jóvenes que vivían en la Casa del Estudiante eran hombres y estudiaban derecho, medicina o veterinaria. Solo éramos cuatro mujeres. Dos de ellas estaban en enfermería y la otra en servicio social. Yo las conocía del internado en Copala. Venían a estudiar gracias a un convenio que nuestra organización logró con el gobierno del estado. La situación de violencia en la región era tan grave que la gente no podía recibir servicios médicos de urgencia, así que ellas se estaban preparando para asistir a los heridos. Habían terminado la secundaria y venían convencidas de estudiar para ayudar a la comunidad. Las cuatro compartíamos ese compromiso y las experiencias de violencia que vivimos en nuestra infancia.

Me adapté rápidamente a mi nueva rutina, por la mañana asistía a clases y en la tarde me integraba a las actividades del MULT. Hacíamos marchas para exigir a la Procuraduría de Justicia seguimiento a las investigaciones por las muertes de nuestros compañeros, establecíamos plantones en las dependencias de gobierno para solicitar audiencias o exigir el cumplimiento de algún acuerdo. También era común que la COCEI nos pidiera nuestro apoyo en marchas o manifestaciones.

En la universidad conocí a María de la Luz, que era de Huajuapan de León; a Marisa Pereda, de La Cañada; a Sandra, que venía de los Valles Centrales; a Flor de Liz, de Jalapa de Díaz, y a Lourdes, del Istmo de Tehuantepec. Fueron mis amigas desde el primer año de la carrera. Hicimos un gran equipo. Me acuerdo que cuando tenía que faltar a clases por una movilización o algún compromiso con el MULT, siempre me pasaban los apuntes, me decían qué libros debíamos leer y me recordaban cuándo teníamos exámenes.

En la UABJO, y en particular en la Facultad de Derecho, se respiraba un ambiente marcadamente político. No recuerdo que algún compañero dijera que estudiaba para litigar o llevar casos civiles. Todos teníamos intereses sociales, algunos estaban afiliados a partidos como el PRI, el PAN o el PRD y otros pertenecíamos a colectivos, organizaciones civiles, fundaciones, células estudiantiles u organizaciones de izquierda. Asistíamos a asambleas, organizábamos protestas y analizábamos la vida política nacional e internacional. Nos adheríamos a proyectos sociales o en defensa de los derechos humanos. El ambiente era intenso y, a veces, polarizado, pero también muy vibrante. Por eso la Facultad de Derecho de la UABJO es la cuna de grandes abogados, políticos y luchadores sociales. En sus aulas se gestan las ideas, estrategias, debates y alianzas que definen la vida de los oaxaqueños, y todo ocurre en medio del entusiasmo y la energía desbordante de la juventud.

Casi todos estábamos solteros y eso nos daba mucha libertad de acción. Me gustaba apoyar a mis compañeros, y nos ayudábamos mutuamente. Me acuerdo que en una ocasión necesitaba hablar con el secretario de un partido político y un amigo me sacó la cita y logré entrevistarme con ese funcionario. En la facultad todos éramos *grillos* y sabíamos que era mejor sumarnos a las distintas causas que se defendían para no dividirnos. Apoyé a los grupos de la facultad cuando tomaron Ciudad Universitaria, me tocó hacer pintas y "echar aguas". Una compañera y yo nos colocábamos dos o tres cuadras delante de donde los compañeros estaban haciendo la pinta y si veíamos un policía regresábamos lo más rápido que podíamos para avisarles. Nos poníamos una sudadera para que no nos reconocieran y nos dispersábamos entre las calles. Nos cuidábamos más de los policías estatales, porque si nos agarraban nos llevaban directo a la cárcel; con la policía federal sí podíamos negociar. Casi nunca nos detenían a las mujeres, se iban contra los compañeros.

A diferencia de mis amigas, que estaban más cerca de los maestros, jueces y magistrados, yo me relacioné principalmente con los grupos y movimientos políticos dentro y fuera de la facultad. Me acuerdo particularmente de las marchas del movimiento magisterial. Nuestro contingente, el de los estudiantes, siempre fue el más ruidoso, el más entusiasta. Marchábamos con nuestras pancartas en alto, gritando consignas en apoyo de los maestros porque compartíamos sus demandas: justicia, libertad, educación, reconocimiento.

La efervescencia política de la Universidad de Oaxaca reflejaba los cambios que estaban ocurriendo en el país. Durante los noventa, en México nos pasó todo: se fracturó el PRI, se devaluó el peso, asesinaron a Colosio, se firmó el TLC, mataron al cardenal Posadas Ocampo, se levantó en armas el EZLN, nos estafaron con el Fobaproa. Recuerdo que el descontento social se sentía en el aire, la crisis económica nos pegó muy fuerte, había mucho desempleo, y todo estaba carísimo.

Un día me reuní con un compañero para hacer una tarea, estábamos revisando algunos libros, cuando de repente llegaron unos hombres. Inmediatamente sentí cómo la tensión se apoderó del ambiente. Mi amigo les informó que yo era de confianza, que era triqui y venía de Copala. Después me enteré de que eran miembros del EPR, que se había levantado en armas recientemente en 1996 en Guerrero y que ya estaba teniendo presencia en Veracruz, Chiapas, Puebla, Oaxaca y el D. F. Comprendí que tenía que ser discreta, el tema de los movimientos armados es muy delicado, es mejor no preguntar porque no sabes si estás poniendo en peligro a alguien. Nosotros mismos, en Copala, cuando un desconocido llega al pueblo investigamos de dónde viene, qué quiere, para qué viene, por qué toma fotos o graba. Debemos proteger a nuestros dirigentes y compañeros; yo ya conocía ese código, por eso supe que tenía que ser prudente.

Cuando estudiaba en la facultad, se impartió por primera vez la materia de Derecho Indígena; de esas clases surgieron células estudiantiles de apoyo al EZLN. Nos daban talleres de formación municipalista, nos explicaban cómo los jóvenes podíamos participar en la política, hacer brigadas y organizar movimientos civiles. En los primeros dos años de la carrera fueron pocas las horas que estuve sentada en mi pupitre, escuchando las clases de los maestros o doctores; casi siempre andaba en las movilizaciones, plantones y marchas. Yo no tuve nunca un líder estudiantil, todos sabían que pertenecía al MULT y que mi tema era el pueblo triqui, por eso me respetaban y no se metían conmigo. Más bien, me pedían ayuda para sumarnos a sus movilizaciones.

La Casa del Estudiante de Oaxaca era un punto de confluencia donde se condensaba toda la agitación política que atravesábamos en ese momento. A las nueve de la noche empezaban las reuniones de la COCEI y se extendían hasta la una de la madrugada. Además de tratar acuerdos y reportar avances, eran espacios de formación, nos enseñaban cómo actuar y qué libros leer. A los estudiantes de derecho nos capacitaban para defendernos y los de medicina sabían que tenían que atender a los compañeros si llegaban golpeados o con alguna crisis. Todo se pensaba colectivamente. Esa fue una etapa muy emocionante de mi vida. Éramos jóvenes, apasionados y soñadores.

No se abandona a los compañeros

Para estar en un movimiento, debes tener formación, no es suficiente haber sufrido el dolor de una lucha. En una ocasión nos unimos a una acción organizada por la COCEI. Era una movilización nocturna para tomar camiones. A mis compañeras triquis y a mí nos mandaron con un grupo encabezado por el hijo de uno de los dirigentes. Nosotras teníamos que vigilar, esperar la señal, tomar el camión, y movernos rápido. Pero no había ninguna logística de escape si algo salía mal.

Cuando llegó el momento, el hijo del dirigente empezó a gritar: "¡Ya viene la policía, corran, corran!". Todos salieron huyendo. Nos quedamos desconcertadas. No corrimos, nos pusimos las chamarras encima del huipil y caminamos tranquilamente por las calles platicando normal. La policía pasó corriendo tras los otros, y a nosotras ni nos voltearon a ver. Dimos la vuelta y llegamos al centro. En el camino encontramos a un compañero del Istmo escondido en una fuente. Lo recogimos también y regresamos sin problema. Pero al llegar, el ambiente era de preocupación. Nadie sabía dónde estaban los demás. Nosotras habíamos vuelto, pero el hijo del dirigente no aparecía.

En la siguiente reunión, mi papá nos regañó: "El que dirige, asume la responsabilidad. No se vale abandonar a los compañeros". Esa experiencia sirvió para que dentro de la organización del Istmo empezaran a cuestionar a sus dirigentes. Porque sí, los mandaban, pero sin estrategia, sin protección.

Nosotras no teníamos adiestramiento formal, pero teníamos calle, experiencia. Sabíamos cómo actuar en situaciones de riesgo. Habíamos aprendido por necesidad, por la violencia que vivimos en nuestra región. Sabíamos cómo movernos en Putla, en Juxtlahuaca, en Huajuapan. No nos paralizaba el miedo. Sabíamos cuidarnos, protegernos entre nosotras. Nunca nos pusimos nerviosas. Sin embargo, no nos perdonaron la regañiza. Que por qué no nos habíamos regresado directamente, que cómo se nos ocurrió ir por el centro, que éramos mujeres, que dónde estaba nuestra cabeza. Pero sabíamos que habíamos actuado con conciencia, que nos habíamos cuidado entre nosotras. A diferencia de los otros compañeros, que corrieron sin mirar atrás, sin pensar que nosotras también estábamos ahí.

Esa noche me quedó claro lo importante que es la formación dentro de los movimientos. Porque algunos compañeros no estaban realmente comprometidos, pero para nosotras, que veníamos de la lucha, de la violencia, esto era parte de nuestra supervivencia.

Enjaulada

En Oaxaca conocí la faceta machista de mi papá. El fue mi principal figura de autoridad y trató de capacitarme y adiestrarme como compañera del movimiento, con disciplina y tareas. Pero esto para mí significaba control. Porque lo hacía como líder del movimiento triqui y a la vez como padre. Me encargaba de la comida y tener lista su ropa, él decidía mis tareas dentro de la organización. Traté de adaptarme, de colaborar, pero fue complicado por la independencia que había vivido de chica. Seguía diciéndome que si tenía novio nos mataría a los dos. Ahora entiendo que lo decía para que terminara la universidad y le creí. Me sentía encerrada, vigilada.

A pesar de ser mayor de edad, tenía que rendirle cuentas de todo lo que hacía. Incluso los sábados y domingos quería que me quedara para las actividades y reuniones de la organización. A veces iba con él y a veces me quedaba sola en la casa del estudiante. Así que me obligaba a decirle a mi mamá que no podía ir a verla a ella ni a mis hermanos a Huajuapan por estas actividades. No podía salir porque mi papá llamaba a la casa para cerciorarse de que estuviera ahí.

Las marchas y las actividades del movimiento eran los únicos espacios donde podía experimentar cierta libertad personal y afectiva. Sentía que vivía una contradicción, en las calles luchaba por la libertad que en esos momentos no tenía en mi vida.

Un fin de semana ya no pude más y me fui a Huajuapan. Mi mamá había pedido su cambio a esa ciudad y vivía ahí con mis hermanos. Ya había nacido mi hermana menor, Maribel. Almorzamos juntos, y después de comer le conté lo que estaba viviendo, le dije que me sentía enjaulada, que mi papá me gritaba enfrente de los compañeros, que estuvo a punto de pegarme en varias ocasiones y que ya no quería seguir así. Ella se sintió muy identificada con lo que le platiqué y me confesó que justamente estaban pasando por un proceso de separación.

Toda mi vida había estado sola, desde muy pequeña aprendí a tomar decisiones sin que nadie me enseñara, y de repente mi papá quería asumir, después de tantos años, el papel de protector y cuidador que necesitaba cuando era niña, pero que ahora ya no quería.

Mi mamá se ofreció a pagarme un cuartito para que yo pudiera vivir en lo que acababa mi carrera. Entre las dos convencimos a Emma de que se viniera conmigo, pero ella fue muy clara en que no iba a llegar con mi papá.

Mi hermana y yo nos mudamos a un cuartito cerca de la Casa del Estudiante. A escondidas sacamos mi ropa y algunos artículos personales. Unos primos nos ayudaron a instalar el tanque de gas y la estufa. Dormíamos en el piso porque no teníamos cama y tampoco dinero para comprar una. Mi papá se enojó muchísimo y dejó de hablarme. Entiendo que mi papá tampoco supo cómo tratarme, porque además de mí había otras compañeras triquis, y trató de ser imparcial en su actuar como líder. A los tres meses comencé a buscar trabajo porque se me hacía injusto dejarle toda la carga a mi mamá. Un compañero de la facultad me contó que en la Secretaría de Desarrollo Social (Sedesol) estaban dando becas. Llegué a las oficinas y me presenté. Les conté que era indígena triqui de Copala, que pertenecía al MULT y que estaba interesada en la beca de estudiantes. Para mi sorpresa, me contestaron que sí, que mi líder les echara una llamadita para ponerse de acuerdo. Me tragué mi orgullo y fui a ver a mi papá. "Cómo no, hija, yo les llamo", me respondió.

Llegué a la Sedesol, con la intención de aprender, especialmente en el área jurídica. Aunque en la facultad estaba muy involucrada en las movilizaciones, también tenía claro que necesitaba formación técnica. Por eso, cuando me preguntaron a dónde quería ir, dije sin dudar que al área jurídica. Sin embargo, ahí lo único que hicieron fue mandarme a sacar copias. No iba a aprender nada, pero al menos tenía mi beca. Yo esperaba involucrarme en casos reales, entender cómo funcionaban los juicios laborales y civiles, que eran los que más llevaban en esa área. Pasaron los días y seguía sacando copias. Hasta que la delegada me vio y me preguntó: "¿Qué estás haciendo, Bety?", le respondí que sacando copias. Se sorprendió, me preguntó con quién estaba adscrita, que quién me estaba guiando. Le dije que con nadie. Entonces, ella tomó cartas en el asunto. Llamó a una reunión con los jefes del área jurídica y les reclamó. Les dijo que ella no iba a quedar mal con mi organización, que yo estaba ahí para aprender, que mi lucha era justa y que me tenían que enseñar. Fue una mujer congruente, clara, comprometida. Recuerdo que incluso dijo: "¿Cómo va a defender a su pueblo si ustedes no le enseñan?". A partir de ese momento, todo cambió. Me asignaron a dos abogadas que me mostraron expedientes, me explicaron cómo se daban los seguimientos, y me dejaron leer casos reales. Lamentablemente, para entonces ya me quedaba poco tiempo como becaria. Antes de irme, fui personalmente a agradecerle a la delegada. Ella me llevó incluso a una comida, me presentó con algunas personas y me dijo: "Lo que necesiten tú o tu pueblo, aquí estamos para apoyarlos". Ella conocía bien el tema triqui. Me despedí agradecida y contenta.

La vuelta a la tortilla

Cuando se acabó la beca en la Sedesol, empecé a buscar otras opciones. Fue así como, gracias a otros compañeros que me avisaron, apliqué a una beca en el Instituto Nacional Indigenista (INI). Mi papá era trabajador de base, por lo que era complicado que me dieran la beca. Pero mis compañeros me recomendaron, y al hacer mi solicitud informé que era indígena triqui de Copala. Me aceptaron, pues muy pocos indígenas de mi pueblo participaban para esta beca.

Desde el primer momento que entré como becaria al Instituto Nacional Indigenista me integraron al trabajo jurídico real. Trabajé con un equipo de abogados. Me encargué de dar seguimiento a los casos de los compañeros indígenas que estaban en prisión. Íbamos al penal, en especial a la cárcel de Ixcotel, en Oaxaca. Yo entraba con los abogados, llevaba los expedientes, ayudaba a preparar las pruebas, los testigos y revisaba los procesos.

Fue ahí donde empecé a ver la profundidad de la desigualdad que vivíamos como pueblos indígenas dentro del sistema judicial. No existía un marco legal que respondiera a nuestra realidad. Apenas comenzaba la lucha por el reconocimiento de nuestros derechos como pueblos originarios, y no había traductores en los juicios. Muchos indígenas fueron procesados sin entender una palabra del procedimiento.

Fue en ese contexto que el movimiento del EZLN tuvo un gran impacto. Gracias a su visibilidad y sus demandas, comenzamos a exigir desde el INI la presencia de traductores en los procesos judiciales. Esa fue nuestra carta fuerte: si el Estado nos procesaba, tenía que entendernos primero. Le dimos la vuelta a la tortilla, los indígenas no teníamos que aprender español para defendernos, sino que el sistema jurídico debía adaptarse a nuestras lenguas y formas de entender la justicia.

También aprendí que nuestro derecho a la justicia incluye ser juzgados de acuerdo con nuestros contextos, nuestras lenguas, nuestras formas de organización. Porque en nuestras comunidades no se hacen juicios como los del sistema penal mexicano. Allá hay asambleas y autoridades tradicionales. Los procesos son más pausados y reflexivos. Y aunque el sistema nos exigía cumplir con términos, pruebas y plazos, lo poco que habíamos logrado ya era un gran paso: tener intérpretes que pudieran hablar en triqui, zapoteco o mixteco. Eso fue, sin duda, lo más extraordinario que viví en el INI.

Emma y yo íbamos cada 15 días a Huajuapan a ver a mi mamá y a mis hermanos, y a veces ellos venían. Así estuvimos un tiempo hasta que mi mamá decidió mudarse también a Oaxaca. Rentamos un departamento más grande, justo debajo de donde estaba nuestro primer cuartito. Mi papá también dejó la Casa del Estudiante y se quedó con nosotros. Mis hermanos y yo no estábamos acostumbrados al tipo de paternidad que él quería ejercer, ya éramos grandes y no soportábamos sus conductas machistas.

Cuando vivíamos solos en Huajuapan los tres cooperábamos. Cada uno lavaba su ropa y sus trastes. Si yo hacía la comida, Emma barría y Juan trapeaba o lavaba el baño. Hacíamos equipo. Pero en Oaxaca mi papá quería que las mujeres nos dedicáramos a servirlos. En una ocasión, mi hermano le dijo a mi papá: "No me quita nada si lavo los trastes o cocino". Él había aprendido a compartir los deberes domésticos, pensaba distinto a nuestro padre. Tratamos de sobrellevar esa situación. Mi papá dejaba su ropa para que la laváramos, se enojaba si no estaba la comida lista cuando él llegaba e insistía en que ese era nuestro papel como mujeres. Le costó mucho entender que las cosas podían ser diferentes y aun así estar bien.

Por esa misma época, obtuve otra beca en la Secretaría de Desarrollo Agrario, Territorial y Urbano, que antes era la Secretaría de la Reforma Agraria. Mi trabajo consistía en acompañar a ejidatarios que estaban interesados en convertir sus parcelas de propiedad social en propiedad privada. Como becaria, mi labor principal era guiarlos paso a paso en ese proceso, desde la medición del terreno hasta la integración de su expediente ante instituciones como la Procuraduría Agraria, el Registro Agrario Nacional (RAN) y los notarios públicos.

El programa tenía como objetivo facilitar la transición de terrenos ejidales a manos privadas, especialmente en zonas que ya estaban dentro del crecimiento urbano, como Etla, el Tule o Santa Lucía del Camino. Muchos de esos ejidos ya estaban rodeados por la ciudad, pero seguían bajo el régimen colectivo. Algunos ejidatarios buscaban individualizar su tierra, darle valor legal, incluso venderla o construir. No era un proceso obligatorio, se decidía en asamblea, y quienes querían participar, lo hacían.

Pero esta experiencia también me hizo pensar mucho en la realidad de las tierras indígenas. En mi comunidad, por ejemplo, nunca aceptamos ese tipo de programas. Nosotros teníamos, y seguimos teniendo, un título primordial, heredado desde generaciones atrás. Aunque no contáramos con una certificación oficial, sabíamos que esas tierras eran nuestras, y no íbamos a permitir que se privatizaran. Como la nuestra, muchas comunidades en Oaxaca resistieron esa transformación, y en muchas regiones el programa simplemente no avanzó.

A pesar de estas tensiones, valoré mucho esa beca. Estuve seis meses trabajando ahí, pero más allá del aprendizaje, me dio la oportunidad de apoyar a mi mamá, quien en ese momento era la única que sostenía nuestra casa. Fue una etapa en la que conviví con realidades muy distintas, en la que vi de cerca tanto las luchas como las decisiones que cada comunidad tomaba con respecto a su territorio, porque la tierra no es solo un pedazo de terreno: es historia, identidad, memoria.

Capítulo 7

LA VIDA EN LAS AUDIENCIAS

Cuando yo estaba en el último año de mi carrera, mi papá obtuvo un puesto de base en el INI. Con su sueldo, el de mi mamá y mis becas se aligeró un poco la carga económica. Mi hermana Emma resultó ser una gran administradora. Sabía cómo racionar la comida para que nos alcanzara. Era muy previsora. Compraba frijoles y los guardaba en el refrigerador para que duraran varias comidas. Mi mamá traía costales de totopos, los comíamos con chile, huevo, quelites y carne oreada, resultado de los preparativos para las comidas de Semana Santa y Día de Muertos.

A mí no me gustaba pedirle dinero a mi papá porque sabía que casi todo lo entregaba al movimiento, lo usaban para apoyar a los triquis que venían de sus comunidades y llegaban con lo justo, y muchas veces ya no tenían para comer o regresar a sus pueblos. Él me preguntaba si necesitaba algún libro o algo para la escuela. La verdad es que no recuerdo haber comprado libros. En la biblioteca de la universidad podíamos sacar los que necesitáramos. En una ocasión fui por copias a la biblioteca y en el pasillo vi un cartel del Tribunal Superior de Justicia del Estado;

era una convocatoria para realizar el servicio social. Escribí el teléfono en mi libreta. Por la tarde marqué, pedí una cita y me recibieron al otro día.

Mi intención era aplicar para los juzgados civiles porque me habían dicho que ahí no había mucho movimiento y quería tener mis tardes libres para seguir ayudando a la organización, pero me mandaron al Sexto Juzgado Penal. Me presenté con la jueza, quien me envió con el secretario de acuerdos. A partir de ese día, mi estilo de vida cambió por completo. Me dieron una tarjeta con la que tenía que registrar mi hora de entrada y salida. Mi interés en el derecho penal se acentuó. Inmediatamente me integré con los abogados. Tenía acceso a los expedientes, los leía, iba a sacar copias y acompañaba a las notificadoras, que por lo general eran mujeres. Nos daban una ruta, si la dirección estaba cerca, nos íbamos caminando; pero a veces era necesario usar el transporte público. Andábamos bajo el rayo del sol, y muchas veces ni siquiera teníamos dinero para comprar una botella de agua. Si no nos abrían, echábamos la notificación por debajo de la puerta.

Me gustaba acompañar al secretario a las audiencias. Nos llevábamos la Olivetti y hojas para transcribir las declaraciones de los acusados. Su asistente, Rocío, era muy hábil escribiendo a máquina. En el juzgado solo se escuchaba el murmullo de las teclas que golpeaba a una velocidad extraordinaria. Cuando Rocío no podía ir, yo era la encargada de hacer las transcripciones. Afortunadamente, en Huajuapan, en la secundaria Benito Juárez, tomé el taller de mecanografía. Nos hacían tapar el teclado y rellenar decenas de hojas con ejercicios. Si te equivocabas, podías borrar con unas cintas blancas que ponías debajo de la tecla, no había correctores líquidos. Ya se empezaban a usar las computadoras, pero los acuerdos siempre los hacíamos en máquina de escribir.

En las audiencias era muy importante capturar todo lo que decía el acusado, tal cual como lo expresaba, sin modificar o interpretar, porque los abogados defensores estaban al pendiente de que no cambiaras nada. Por lo general se trataba de audiencias cortas para certificar que el acusado había recibido una notificación o que el abogado había presentado ciertos documentos. Poco a poco me fui ganando la confianza del secretario y de la licenciada Rocío, quienes me delegaron tareas pequeñas, pero que me hacían sentir valorada. Siempre me trataron con mucho respeto.

Me desvelaba estudiando porque los exámenes finales estaban cerca. El derecho fiscal era mi coco, nunca fui buena en matemáticas. Me la pasaba de la escuela al juzgado y me alejé del movimiento y la lucha social. Un día, me mandó llamar el secretario a su oficina, me ofreció una plaza como notificadora en el juzgado penal de Tuxtepec, que se encuentra a seis horas de la ciudad de Oaxaca. Me emocioné mucho, sabía que era una gran oportunidad. Fui a buscar a mi papá para contarle, le expliqué que era un trabajo de tiempo completo y que tenía que dejar la facultad, pero que después podría terminar la carrera y titularme. "¿Acaso te estoy pidiendo que trabajes?, dedícate a estudiar", me regañó. Le respondí que en el juzgado me habían recomendado y que las plazas de base estaban muy peleadas, que incluso esos puestos se compraban porque solo entraban recomendados. No pude convencerlo por más argumentos que le di. Busqué el apoyo de mi mamá, le expliqué que estábamos hablando de mi futuro, que tuviera fe en mí, pero tampoco estuvo de acuerdo. "No puedo meterme porque es tu carrera, pero tiene razón tu papá, te falta solamente un año para titularte, mejor espérate", me dijo. Con mucha pena, esa misma tarde le hablé al secretario a su casa, le expliqué que no podía irme a Tuxtepec, le agradecí y esa fue la primera arrepentida de mi vida.

Justicia en venta

Continué trabajando en el juzgado los meses que me faltaban para liberar mi servicio social. Durante ese tiempo, fui testigo de dos casos que me llenaron de consternación. El primero fue el de una señora indígena acusada de narcotráfico. En la central de autobuses le pidieron llevar un paquete a cambio de dinero, ella aceptó por necesidad, aunque no sabía qué contenía. En un retén, se subieron unos policías federales y la detuvieron. Hoy en día, hay muchas mujeres en las cárceles de todo el país por hechos similares, con sentencias equiparables a las de los capos o líderes de organizaciones criminales y cárteles, a las que se les debería juzgar bajo otro criterio.

El otro caso es el de un jovencito de 18 años acusado de violar a una menor. La mamá de la muchacha era dueña de una flotilla de taxis, una mujer empresaria con muchísimo dinero, empoderada, guapa, que se expresaba con mucha labia y altanería.

En el juzgado, el muchacho declaró que había conocido a la hija de la señora de 17 años en la escuela, que eran novios, y que para estar juntos se había metido a trabajar de taxista a la empresa de la mamá. El muchacho se ganó la confianza de la señora y con frecuencia le servía como chofer a su hija. Ellos pudieron continuar con su relación y pasó lo que tenía que pasar. Explicó que no la había violado, que el acto había sido consensuado porque estaban enamorados. La mujer insistía en que había abusado de su hija. Él no podía pagar un abogado y se quedó con el defensor de oficio, quien solicitó un careo con la menor. No sé cómo le hizo, pero el juez lo autorizó. El día que se presentó la joven al juzgado, parecía que estábamos presenciando una telenovela. Apenas vio a su novio, la muchachita se puso a llorar, se tomaron de las manos y no se querían soltar. La señora le gritaba que se comportara, que no se rebajara. La chica le decía: “Mamá, tú no lo quieres porque es pobre, no me importa que me mandes a donde sea, que no me dejes salir, prefiero estar encerrada en mi casa, y no voy a abortar, yo quiero a mi bebé". Ahí nos enteramos de que estaba embarazada.

El chavo se derrumbó, nos pedía a gritos que lo sacáramos. La chica se aferró a las rejas, su mamá y el abogado la jalaban. Era evidente que no había sido una violación, pero los abogados de la señora interpusieron otros cargos por violencia y portación de armas. El chico terminó en la cárcel con una sentencia larguísima. El abogado defensor nos dijo que él no podía hacer nada, que el chavo era inocente, pero que la jueza traía instrucciones de más arriba. Estos casos son solo dos ejemplos de los cientos de injusticias que se cometen a diario en un país donde parece que la justicia está a la venta y quienes pueden la compran.

Así somos todos

Para acreditar la materia de Derecho Procesal era obligatorio estar presentes en mínimo tres necropsias. Durante varios meses intenté por todos los medios evadirlo, hasta que ya no tuve más opciones. Una mañana, el maestro nos informó que si teníamos pendiente ese trámite podíamos asistir al Servicio Médico Forense (Semefo) estatal, que estaba en el centro de la ciudad de Oaxaca, a un lado de la iglesia San Francisco de Asís. Hoy se encuentra en las inmediaciones de San Bartolo Coyotepec. Nos pusimos de acuerdo varios compañeros y fuimos juntos. Desde que llegamos, el médico legista fue muy claro: estaba prohibido taparse la nariz, vomitar, hacer caras de asco o desmayarse. Lo primero que noté es que había dos zonas delimitadas. Una era el área de trabajo del médico y su ayudante, y la otra estaba reservada para nosotros, los estudiantes. "Si vomitan los paso acá conmigo", nos advirtió.

Sobre la plancha de metal yacía el cuerpo sumamente delgado y ennegrecido de un varón. El médico explicó que nadie lo había reclamado y que ya llevaba bastante tiempo ahí, su destino era la fosa común. Inmediatamente, percibí el olor más nauseabundo que haya olido en mi vida. Me contuve para no taparme la cara. Una mezcla de tristeza y nerviosismo se apoderó de mí cuando el médico cortó el tórax y el vientre con un aparato parecido a un serrucho. Nos mostró el corazón, el hígado. "Como pueden ver esto no fue la causa de su deceso", confirmó. Al llegar al estómago, el desagradable olor se intensificó. Justo en el aparato digestivo es donde se concentra el hedor. "¿Tienen alguna duda o pregunta?", decía mientras manipulaba una y otra vez los órganos del cadáver. Su ayudante los reacomodó y vertió un líquido sobre ellos. Después, seccionó el cráneo. El sonido era parecido al que producen las motosierras cuando están cortando un tronco de madera. Es absurdo, pero en ese momento temí que el cuerpo se fuera a levantar y se diera cuenta de lo que le estaba pasando. Se dejó de escuchar la sierra y el médico nos mostró el cerebro. Nos invitó a bajar. Caminé atrás de mis compañeros por mera intuición. Temía que el maestro llamara a los que se habían quedado sentados. Cuando regresé a mi lugar noté que ese olor se había impregnado en mi ropa, en mi piel, en todo. El ayudante nos explicó cómo se hacen las suturas y al terminar nos dijo que ya podíamos pasar a firmar nuestro registro. Salí lo más rápido que pude, necesitaba respirar, sentir el aire puro.

De regreso a mi casa intentaba borrar de mi cabeza aquellas imágenes cuando recordé que aún me faltaban dos necropsias más.

A la siguiente semana regresamos. El médico nos felicitó: "Qué suerte tienen, hoy tenemos dos cuerpos". El primero era un hombre joven, su piel no se veía tan negra ni seca como la del anterior. Ya habían iniciado el procedimiento cuando llamaron al médico. Lo vimos hablando con un agente del Ministerio Público y otro hombre uniformado. El ayudante continuó dando la clase. "Vaya que están de suerte, ahorita les urge esta necropsia", exclamó el médico mientras nos mostraba el cuerpo inerte de una mujer. Era una señora, la habían atropellado en la madrugada en el tramo de la carretera de Tlacolula a Oaxaca. Era comerciante, todavía traía puesto su delantal, su vestido, sus zapatitos. Comenzaron a desvestirla. Mientras le quitaba la ropa, el médico le platicó: "Ya estás aquí, no te va a pasar nada. Hoy nos toca enseñarles a estos alumnos lo que hay adentro de ti, pero no te voy a faltar al respeto, quédate tranquila, no te vamos a hacer nada malo, es un proceso de rutina". Le habló así, como si estuviera viva, luego se volteó hacia nosotros y nos explicó: "Miren, muchachos, aunque ustedes no lo crean, este cuerpo todavía está vivo porque apenas hace unas horas sucedió el accidente. Pueden venir a tocar la piel, hay áreas donde todavía está caliente". En esa ocasión yo no quise o no pude acercarme.

Apenas venían de regreso los compañeros que sí bajaron cuando el esposo de la señora entró. Me imagino que eran de una comunidad cercana a Oaxaca, traía su sombrero en las manos y se veía bastante exaltado. "¿Qué están haciendo con mi mujer? ¿Quiénes son todas estas personas? Mi esposa no es su payasa". Empezó a llorar de la impotencia, y a mentar madres con justa razón porque no le explicaron que la necropsia era parte de un proceso judicial. Por eso se alteró tanto. Como pudieron lo sacaron. El doctor pidió que cerraran bien la puerta porque no lo dejaban hacer su trabajo.

Me impresionó lo inflamado que estaba el vientre de la mujer. El médico nos explicó que posiblemente había cenado tarde, porque cuando una persona muere, las bacterias del intestino siguen generando gases, pero el cuerpo ya no puede expulsarlos. Lo pinchó y salió un aire fétido que inundó toda la sala. Una compañera ya no pudo más y vomitó. El médico forense la obligó primero a limpiar el piso y después a tocar el cuerpo. "Yo no sé por qué te da asco, si tú tienes lo mismo. Así somos todos por dentro", le dijo.

Después abrió el cráneo, nos explicó que había muerto por un golpe fatal en la cabeza y nos enseñó la sangre coagulada en la sien. Redactó el acta de defunción, cerró el cuerpo. Nos invitó a presenciar una necropsia más. Todos desaparecimos. En la entrada principal nos encontramos al viudo, lloraba desconsolado. Salimos callados, sin decir nada. Fue una situación muy desagradable.

La *UCD*

Cuando terminé la carrera, sentí una mezcla de alivio y preocupación. Por un lado, había cumplido la promesa que les hice a mis papás de terminar mis estudios y convertirme en profesionista, un sueño que tenía desde niña. Me sentí satisfecha por cerrar esa etapa como estudiante, pero sentía incertidumbre por mi futuro. No sabía dónde iba a trabajar, ni qué iba a hacer con mi vida profesional.

Mi papá tenía la esperanza de que yo trabajara en el área jurídica del MULT, pero yo ya había ganado cierta independencia durante los dos años anteriores, y volver a estar a sus órdenes significaba, de alguna manera, retroceder. Además, yo quería ejercer realmente mi carrera. No quería quedarme siempre en la organización. Prefería salir, trabajar, formarme, y después volver y aportar a los triquis pero con más experiencia. Además, quería apoyar a mi mamá, que se partía el alma para sacar la casa adelante. Hablé con mis compañeros, con personas que ya estaban en tribunales, en otras dependencias. Un día me acerqué a un amigo de la carrera, Omar, y le conté que estaba desesperada, que saliendo de la universidad quería irme al área jurídica de alguna dependencia u organización. Me explicó que en su organización, la Unión Campesina Democrática (UCD), siempre necesitaban abogados y me recomendó. Yo no lo dudé. Me consiguió una cita y fui.

La UCD era una organización de izquierda que a veces coincidía con el MULT, que también tenía fuerza en el estado, participaban con nosotros en algunas de las marchas. Yo no vi ningún problema con eso. Conocí al equipo con el que trabajaría, todos fueron muy amables conmigo. Me explicaron que por el momento mi labor era apoyar a los abogados a presentar documentos y oficios. Eran seis abogados jóvenes, parecían tener muchos casos y pensé que estaba en un lugar ideal para crecer. Pero uno de ellos, el segundo al mando después del jefe, tenía una actitud muy coqueta, andaba de aquí para allá con varias compañeras. Se presentó conmigo de inmediato, se llamaba Ernesto. Me recomendó que para aprender me debía meter a los casos difíciles. "Pues démelos", le respondí. Me saludaba con un tono muy familiar al que yo no estaba acostumbrada. Un día me preguntó si tenía novio y yo le dije que sí.

Unos meses antes, frente a la Facultad de Derecho, me crucé con un excompañero del bachillerato. Lo reconocí de inmediato. Era un muchacho que siempre me había gustado, mi amor platónico de la preparatoria. Mis amigos lo sabían, siempre me hacían bromas con él. Me gustaba, pero nunca llegó a noviazgo. Solo fue una atracción adolescente. Le conté que estaba estudiando Derecho. Él me dijo que apenas llevaba tres días en la ciudad porque había llegado a hacer sus prácticas profesionales en una empresa, estudiaba en el Tecnológico de Oaxaca. Como no conocía a nadie, le enseñé un poco de la ciudad. A partir de ahí comenzamos a vernos seguido. Poco a poco nos fuimos acercando, salíamos, platicábamos, y eventualmente comenzamos una relación muy bonita, muy tranquila. No hablábamos del futuro, más bien compartíamos cosas de la escuela, salidas simples, muchos juegos, risas. Diría que fue un noviazgo casi infantil, pero muy especial.

Él vivía en Huajuapan de León, entre semana se quedaba en Oaxaca, pero al principio regresaba los fines de semana. Luego empezó a quedarse hasta los domingos, y después me dijo que tenía que volver a su rutina porque sus papás ya se lo reclamaban. Entonces vino la conversación difícil: "Ya no voy a tener pretexto para venir a verte. ¿Cómo le vamos a hacer?", me preguntó. Yo le respondí que no se preocupara, que yo podía ir a Huajuapan a visitar a mi mamá, que buscaríamos la manera. Seguimos hablando por teléfono, pero con el tiempo la distancia empezó a notarse. Nuestra comunicación se fue haciendo más esporádica y supe que estaba volviendo a su vida normal. En el fondo, siempre tuve presente el temor a la infidelidad. "Prefiero que, aunque me duela, me digas las cosas de frente, antes de que haya una traición", le había dicho. Él me prometió que nunca pasaría algo así, pero al final sí empezó otra relación allá. Eso me dolió muchísimo.

Cuando entré a trabajar a la UCD aún estaba muy afectada, por eso cuando mi jefe me preguntó si tenía novio le dije que sí, pero la verdad era que ya habíamos terminado.

El abogado

Ernesto era indispensable en el área jurídica. Se llevaba muy bien con los dirigentes. Entraba y salía de las oficinas con frecuencia. Cuando coincidíamos, yo me portaba seria y cortante. No quería malinterpretaciones, iba a trabajar, no a socializar. Un día, me pidió que buscara un acta de nacimiento para uno de los casos. Me entregó los papeles y me preguntó si podía hacer el trámite. Le dije que sí, que dependería del tiempo que tomara en el registro civil. Fui, lo gestioné, pero no me dio tiempo de regresar a la oficina, así que me fui directo a la facultad. Al día siguiente, Ernesto me llamó y me preguntó cómo había ido todo. Le conté que el acta estaría lista la siguiente semana. Fue entonces cuando me pidió hablar en privado. Me preguntó sin rodeos: "¿Por qué no nos dijiste que eras del MULT? ¿Creíste que nadie se iba a dar cuenta?". Me sorprendió porque no creí necesario comentarlo, pero me dijo que lo que había hecho era, según los dirigentes, una omisión grave y que a partir de ese día ya no trabajaría ahí. Estaba muy confundida, le gradecí la oportunidad, recogí mis cosas y me fui. Me sentía avergonzada, dolida. Yo solo quería aprender y trabajar, pero sentí que los dirigentes no me vieron como una persona ni como abogada, para ellos yo era solamente un posible riesgo.

Días después, cuando el trámite estuvo listo, llamé al abogado Ernesto para entregárselo. Acordamos vernos en el centro, cerca de Santo Domingo. Le entregué el acta y me dijo: "Abogada, usted y yo no hemos tenido oportunidad de conocernos bien… ¿le gustaría que la invitara al cine?". Me tomó desprevenida. Me dijo que quería conocerme más y que le diera la oportunidad de salir conmigo. Así fue como comenzó nuestra relación. Yo venía de una etapa muy dolorosa, se lo platiqué desde el principio.

Unos meses después de mi salida de la Unión Campesina Democrática, me enteré de que el dirigente del MULT había hablado a la UCD para que me corrieran porque políticamente no era bien visto que yo estuviera ahí. Sinceramente, no pensé que fuera un problema, porque estaba en el área jurídica. Además, hasta ese momento desconocía las tensiones entre el MULT y la UCD. Mi papá también se enteró y me regañó, me dijo que no tenía nada que hacer allá e insistió en que trabajara en el MULT. Yo no quería porque no veía que pudiera desarrollarme como abogada y el apoyo era casi simbólico. Además no quería más problemas con mi papá ni con nadie.

Para alejarme de los conflictos me concentré en mi graduación. Las últimas semanas de clases se me fueron en trámites y en la organización de la fiesta y la foto. Escogí como padrinos al doctor Magdiel Hernández Caballero y al antropólogo Carlos Moreno Derbez, que fueron mis profesores y además uno trabajaba en la

Universidad como catedrático y el otro trabajaba en el gobierno federal.

No sé cómo se me ocurrió, pero tuve la osadía de invitar a Ernesto a mi cena de graduación. Todavía no éramos novios, pero ya estábamos conociéndonos. Le dio mucho gusto y estaba muy emocionado de conocer a mi familia. A mis papás les dije que había invitado a un amigo abogado. Les cayó muy bien. Él siempre les dio su lugar y fue muy amable. Mi papá y Ernesto platicaron muy animados. Todos disfrutamos la comida y la música. Sentada en esa mesa con mis papás, mis hermanos y mis padrinos, me di cuenta de lo afortunada que era. Dios puso en mi camino a personas estratégicas que me impulsaron y me ayudaron a ver la vida de otra manera. Tanto ellos como el MULT fueron mi gran escuela.

Al terminar la fiesta, mi papá llevó a Ernesto a su casa. De regreso, mi papá me dijo: "Me cayó bien el abogado".

Unas semanas después se encontrarían nuevamente, pero ahora en una mesa de negociación.

Capítulo 8

ENTRE DOS TIERRAS

Unas semanas después de mi cena de graduación, se llevaron a cabo las primeras mesas de negociación entre las comunidades San Antonio Jicaltepec, del municipio de Putla Villa de Guerrero, y de San Sebastián Nopalera, del municipio de Santa Lucía Monteverde.

Mi papá asistió como dirigente del Movimiento de Unificación y Lucha Triqui y Ernesto se presentó como abogado de la Unión Campesina Democrática.

El conflicto agrario entre estas dos comunidades tuvo su origen después de la reforma agraria de 1930, cuando el Estado mexicano impulsó la redistribución de tierras tras la Revolución mexicana. El conflicto se ha centrado en la disputa por los terrenos alrededor de la Exhacienda de Jicaltepec y en la falta de claridad en los límites territoriales. Durante años, los pobladores de ambas comunidades han sido víctimas de tiroteos, incendios, robos y desapariciones. La violencia ha dejado cicatrices profundas.

Salomón Jara, fundador y secretario general de la UCD, le había pedido a Ernesto que actuara como asesor jurídico en las mesas agrarias. Cuando se enteró de que mi papá también iba a estar ahí, me confesó que no sabía qué actitud asumir, si debía saludarlo o aparentar que no se conocían.

A pesar de la tensión inicial, ambos grupos lograron llegar a un acuerdo. Mi papá también estuvo presente en la firma de la resolución. Estoy segura de que cuando se conjugan la voluntad y la asesoría legal adecuada, es posible encontrar salidas donde antes solo había conflicto. En lugar de aplastar a uno para favorecer al otro, se puede construir una solución en la que ambos ganen.

Mi padre y Ernesto aportaron sus ideas y las compartieron con sus respectivos dirigentes para avanzar en la resolución del conflicto. Creo que ese acercamiento fue posible porque ambos, de alguna manera, se habían vinculado a través de mí. Fue un punto de encuentro inesperado, pero efectivo. Sin embargo, el mérito es de las comunidades y sus autoridades, quienes al estar dispuestos al diálogo dieron un ejemplo para solucionar otros conflictos agrarios existentes, porque los conflictos por tierras no suelen resolverse con rapidez, algunos duran hasta 50 años.

Ernesto no estaba vinculado a la UCD de manera personal o familiar. Era un buen abogado, que conocía a fondo los problemas de los movimientos y grupos de Oaxaca, y por eso lo apreciaban. Él sabía que para tener una buena relación de trabajo, era mejor llevar la fiesta en paz.

Poco antes de que supiéramos que iban a estar en las mesas, Ernesto se me declaró. Me cayó de sorpresa porque yo pensé que solo seríamos amigos. Nunca me imaginé vivir un noviazgo así: el cortejo, las atenciones, el tiempo, los detalles, las llamadas.

Ya llevábamos un tiempo saliendo, me presentó a sus amigos, hablé por teléfono con sus papás e incluso conocí a sus abuelitos en Tlacolula. Me confesó que quería pedirle permiso a mi papá para formalizar nuestra relación, porque a él no le gustaba estarse escondiendo.

No se me había olvidado la amenaza de mi papá: si alguna vez tenía novio, nos mataría a los dos. Me aterraba pensar que podía hacerle algo, por eso, antes de que Ernesto hablara con él yo le confesé que queríamos pedirle permiso para ser novios. Mi papá se enojó muchísimo y no aceptó verlo. Insistimos tanto que por fin cedió.

Nos quedamos de ver y Ernesto le explicó a mi papá: "No estoy jugando, yo también soy un hombre de palabra y sé que le debo seriedad a usted y a su esposa". Para mi sorpresa, mi papá dijo: "Está bien, tienen mi permiso, pero que termine su tesis, que se titule y trabaje en el movimiento".

Mi papá insistía en que trabajara en el MULT. En los últimos años, la organización había crecido mucho gracias a las alianzas con movimientos de otras regiones. Cada vez que había un acto de violencia en alguna comunidad aliada, el MULT se movilizaba para sacar a los militares y policías. Organizaban las tomas de los accesos a sus comunidades o vías importantes en los municipios a los que pertenecían y así que impedían el acceso al gobierno federal, estatal y municipal, estableciendo una autonomía dentro del territorio. El pueblo se movilizaba en bloque, todas las comunidades se unían en la lucha, con la participación de la mayoría de los habitantes. Inicialmente, las movilizaciones eran para exigir justicia por las muertes, pero con el tiempo se sumaron demandas de proyectos como electricidad, agua, drenaje, carreteras o apoyos para la compra de animales y herramientas agrícolas.

A medida que la lucha avanzaba, más pueblos de otras regiones se sumaron al MULT, pero algunos de esos pueblos empezaron a pedir beneficios materiales, lo que generó una diferencia con las demandas de los triquis, que seguían centradas en la justicia. Esto inquietaba a mi papá. Le preocupaba que los espacios de decisión empezaran a ser ocupados por personas ajenas al pueblo triqui.

En las asambleas ya casi no se hablaba de los asesinatos en Copala, el interés se había desplazado hacia conflictos en Valles

Centrales, Tuxtepec, la Costa o el Istmo. Nuestro movimiento se estaba usando para posicionar a nuevos cuadros políticos en esas zonas, y después había que pagarles con obras públicas. Mientras tanto, los triquis de Copala seguían esperando. Yo sé que los otros pueblos también tienen necesidades. Pero se le dejó de dar seguimiento al origen del conflicto armado en Copala. Las averiguaciones quedaban detenidas, y nadie preguntaba por las mujeres que se habían quedado allá con sus hijos. Me daba tristeza ver cómo estaban manejando al MULT. Se confiaba más en personas externas. El dirigente tomaba decisiones, pero los beneficios se iban para afuera. Nosotros, los triquis de Copala, seguíamos atrapados en la violencia y la pobreza, pero estas fueron las circunstancias que tuvo que afrontar la organización y el pueblo triqui, pues el MULT había crecido a tal grado que llegó a ser la organización más grande del estado de Oaxaca.

A Copala no llegaban los apoyos del gobierno porque no dejaban entrar a las empresas y personas ajenas a la comunidad, pues por experiencias pasadas, el gobierno enviaba a sus operadores disfrazados de comerciantes o profesionistas para ubicar a los líderes de las comunidades y, en algunos casos, ejecutar órdenes de aprehensión. Esta desconfianza dificultaba la implementación de proyectos. Se empezó a sensibilizar a los miembros de la comunidad sobre la necesidad de hacer trabajos de mejora, aunque unos cuantos seguían centrados en las demandas de justicia. Aunque algunos beneficios sí llegaron, la implementación solo fue posible cuando se encargaron de traerlos y no cuando involucraron a gente externa. La comunidad triqui también luchó por la construcción de escuelas primarias y secundarias, y para que los maestros fueran triquis. Se logró capacitar a miembros de la comunidad para que pudieran dar clases en su propia lengua. Sin embargo, yo me sentía frustrada porque la mayoría de los beneficios obtenidos por el MULT no llegaban directamente a Copala.

En lo que conseguía un trabajo formal, ayudaba en el área jurídica del MULT. Ahí descubrí que los proyectos que gestionaba la organización se manejaban a través de "moches" que pedía el gobierno a través de su ára de proyectos con las constructoras o empresas productoras. Ya no estaba segura de cómo podía yo beneficiar a la organización. Sé que el MULT fue fundamental para lograr la visibilidad que no habría sido posible si la comunidad hubiera seguido en una posición de sometimiento. Sabía que la organización era un parteaguas para mi pueblo y que habíamos logrado cambios significativos, pero empecé a cuestionar la manera en que se tomaban las decisiones. No estaba de acuerdo con el rumbo que estaba tomando la organización. La violencia nos sacó de nuestro pueblo, y sin embargo no estábamos haciendo nada por quienes se quedaron. Nuestra lucha, nuestra resistencia y nuestro dolor fueron los que hicieron del MULT una organización reconocida a nivel nacional por la lucha del pueblo triqui, y ahora la atención se concentraba en otros pueblos y en expandir más la organización.

No todo es política

A pesar de mis problemas, trataba de llevar nuestro noviazgo de la mejor manera posible. Ernesto era muy atento conmigo, íbamos al cine, me hablaba por teléfono, se preocupaba por mí. Comencé a ver la otra cara de la vida: la de la convivencia y no la de la violencia. Después de que mi papá nos diera permiso para que fuéramos pareja, fue cuestión de días para que tanto en el MULT como en la UCD se enteraran.

Ernesto y yo platicábamos de los conflictos de nuestras organizaciones, pero teníamos un acuerdo: yo no le contaba nada a mi papá de la UCD y Ernesto no decía nada en su trabajo acerca del

MULT. Ingenuamente, creímos que nuestra relación no nos afectaría, pero no fue así. Me contaron que Heriberto Pazos, líder del MULT, le habló a Salomón Jara Cruz, dirigente de la UCD, para decirle que no podían confiar en nosotros.

A Ernesto lo relegaron al área jurídica, ya no le permitían involucrarse en los temas sociales. A mí, en el MULT, me hicieron a un lado, y me quitaron un proyecto jurídico que me habían asignado y que me interesaba. Ernesto decía que eran puros celos políticos. Salomón le explicó que a mí no me querían en la UCD porque consideraban que nuestro noviazgo afectaba su criterio en su trabajo. Ernesto insistía en que sus sentimientos no interferían en sus compromisos profesionales, pero no logró convencerlos.

La presión era demasiada. Me sentía encerrada en una caja, sin salida. No sabía cómo solucionar este tipo de problemas porque nunca había estado en una situación parecida. Para ayudar a Ernesto, le propuse que buscáramos trabajo fuera de las organizaciones, que lucháramos juntos como un equipo. Yo necesitaba encontrar un trabajo, pero Ernesto me decía que no me preocupara y que mejor me concentrara en mi tesis.

Desde niña aprendí a tomar decisiones y a proteger a los demás. Sé lidiar con los problemas externos, pero no puedo con las cuestiones emocionales. Sentí que lo estaban aislando por mi culpa, porque él no tenía nada que ver directamente con los movimientos. No sabía cómo ayudarlo y me sentía muy presionada.

Ernesto viene de una familia de comerciantes. Desde muy pequeño aprendió a andar en la calle, a hablar con todo el mundo. Es dicharachero, le gusta el relajo, se ríe a carcajadas. Su mamá es de la costa, de Chiapas, y su papá de Tlacolula. Ellos ven la vida con entusiasmo y sin presiones. Yo soy totalmente diferente. Crecí guardada en el internado, cuidándome de los extraños, hablando bajito, con miedo, expuesta a la violencia y con muchas responsabilidades.

Yo no estaba acostumbrada a las manifestaciones de cariño, a decir "te quiero". Me costaba mucho trabajo aceptar una caricia, un abrazo o un beso. Sentía que invadían mi cuerpo con el solo hecho de que me tocaran el hombro. Ernesto me decía que yo era muy fría, incluso llegó a pensar que andaba con alguien más, porque cuando nos acercábamos a la casa le soltaba la mano. Ya tenía el permiso de mi papá, pero seguía teniendo miedo de que nos viera. Yo le decía que era la costumbre, pero entendí que si quería tener una relación de pareja, no podía seguir así. Poco a poco fui tratando de cambiar.

Me acuerdo que un 14 de febrero me llevó un oso de peluche. Yo había estado todo el día en la oficina del MULT. En las organizaciones no hay espacio para pausas, todo es urgente, para ayer. Ya empezaban a usarse esos celulares Nokia grandes, me llamó varias veces, pero no pude contestarle. Cuando por fin salí, le devolví la llamada, y apenas me escuchó, me soltó directo: "Con todo respeto, pero no soy tu pendejo. Fui a tu casa, te llevé un regalo y se lo di a tu hermana. Se supone que íbamos a pasar el día juntos". Estaba molesto, pero también herido. Me dijo que no estaba jugando, que no era un niño, que quería algo serio conmigo, pero parecía que yo no. Intenté explicarle que recién acababa de salir. Lo quería mucho, pero no podía expresar mis sentimientos. Él me decía "abrázame", "dame la mano", pero yo no sabía cómo contarle que no tenía la experiencia de tener una pareja.

Nuestro noviazgo fue un proceso que me dio tiempo de madurar, entender qué es una relación de pareja e imaginarme que realmente quería vivir con esa persona. Siempre que pensaba en mi futuro lo hacía en términos de lucha, organización y política. Nunca me había planteado la idea de ser madre o tener una familia propia. Desde muy jovencita, mis periodos fueron irregulares y dolorosos; yo creía que eso era normal. Alrededor de los 20 años noté un cambio en mi regla. Le conté a mi mamá y me acompañó con una ginecóloga. Me revisó y me mandó a hacerme unos estudios. Mi mamá los pagó, me dio pena porque no eran nada baratos.

A la semana siguiente fuimos a recoger los resultados. Estábamos preocupadas. La médico nos pasó a su consultorio, sacó de su escritorio mi expediente y nos reveló: "Quisiera decirles que son buenas noticias, pero, Bety, encontramos varios nódulos en tu matriz, son muchos y de distintos tamaños". Me explicó que si seguían creciendo tendrían que extirparme la matriz para evitar que me diera cáncer. Me recetó hormonas para eliminar los nódulos. En una ocasión Ernesto me preguntó por qué tomaba pastillas, me dio pena decirle la verdad. Cuando terminé el tratamiento, volví a hacerme los estudios. Todo seguía igual. Me puse a llorar, ¿si no podía manejar una relación cómo iba a lidiar con una enfermedad así?

Decidí hablar con Ernesto. Le dije que no tenía caso que siguiera conmigo porque yo no podría darle una familia. Él no se dio por vencido, les preguntó a su hermana, que es médico, y a sus amigas, y consiguió el número de sus ginecólogas, me pidió que escogiera a la que me diera más confianza y que él pagaría la consulta. Llegamos al consultorio y me presentó como su esposa. La médico nos explicó que una opción era embarazarme porque, a veces, durante el embarazo, el crecimiento del bebé hace que el útero se estire tanto que los nódulos se rompen solos. No es algo seguro, pero me explicó que sucede en muchos casos.

—Ah, pues si se trata de eso, te hago cinco o 10 hijos, los que quieras —bromeó Ernesto.

—Te estoy hablando en serio.

—Yo también. Ya escuchaste que todo tiene solución. No te pongas nerviosa, cálmate, la vida no es tan complicada.

Sangre caliente

Unos meses después, estaba bajando unas cajas muy pesadas del Jeep de mi papá y me caí, sentí un dolor agudo en el vientre. Le hablé a Ernesto, estaba sangrando. Me recogió en taxi y me llevó con un ginecólogo que le habían recomendado. Me revisó con unos aparatos muy sofisticados. "Les voy a dar dos noticias. La buena es que estás embarazada. La no tan buena es que tuviste una amenaza de aborto. El sangrado indica que tu bebé está en riesgo si no te cuidas. Por eso es muy importante que descanses y no hagas esfuerzos físicos".

No podía creerlo, estaba embarazada. No cabíamos de la felicidad, pero me preocupaba cómo se lo diría a mi papá. "A mí me vale gorro tu papá, ahorita ya son otras condiciones, es otra situación", me dijo Ernesto.

Al día siguiente me fui a Huajuapan. Lo primero que hice fue hablar con mi mamá. Necesitaba desahogarme. Ella ya sabía lo que había pasado con mi salud, conocía mi problema médico, así que cuando le conté lo del embarazo, le dio gusto saber que ya no era algo grave. Me habló tranquila, con ternura. Me dijo que era una buena noticia, que tenía razón Ernesto, que ahora debía que cuidarme y descansar.

Mi papá, en cambio, reaccionó de una manera muy distinta. Me dijo, seco, que él no había criado a una hija puta. Me dolió profundamente. Él no sabía que estuve a punto de perder a mi bebé, ni lo del tratamiento. Entonces, le expliqué: "Sí, papi, todo lo que usted quiera. Miénteme la madre, pero hay una cosa que le voy a decir: yo sí estoy contenta de estar embarazada. Porque usted no tiene idea de los problemas que he pasado para poder tener a este bebé, porque yo sí lo quiero".

Él se quedó callado un momento y luego me dijo que quería ver a Ernesto, que le diera la fecha del matrimonio, porque en su casa ninguna de sus hijas iba a salir así, sin casarse.

A la semana siguiente, fuimos a ver a mis papás. Íbamos en un camión de esos verdes que circulan por la ciudad de Oaxaca, cuando Ernesto me dijo: "Yo conozco a tu papá, sé cómo es, lo he visto en las mesas de negociación y sé que tiene carácter, pero te voy a pedir que delante de tus padres no te pongas de su lado. Recuerda que tú y yo tenemos un bebé que viene en camino, vamos a construir una familia. No quiero que a él le digas a todo que sí y a mí me dejes solo, porque aunque ellos van a ser los abuelos de nuestro hijo, su familia principal somos nosotros dos. Ahora todos pasan a segundo plano porque nuestro bebé es lo más importante". En ese camión me pidió matrimonio, y se disculpó por no darme un anillo.

Cuando llegamos, Ernesto le dijo a mi papá:

—¿Cómo está, don Juan?

—Pues, aquí estoy, presente.

Jalé una silla y me acomodé al lado de Ernesto. Mi mamá se sentó junto a mi padre. Estábamos los cuatro solos en la sala.

—Don Juan, doña Sofía, quiero agradecerles mucho el espacio que me dan. Vengo aquí, apenado, y entiendo que estén molestos. Yo no me he alejado de Bety, al contrario, he estado a su lado y no la voy a dejar. Viene un hijo en camino, y creo que debemos estar contentos por eso. Sabemos que no hicimos las cosas de la manera correcta, lo reconocemos, pero ya somos adultos. Debimos haber hecho lo correcto desde el principio, no lo hicimos, pero tampoco nos arrepentimos.

Vine a darles la cara y a pedirles formalmente la mano de Bety, para que pongamos una fecha para la boda, porque yo sí quiero casarme con ella. Ustedes son una familia unida, con valores, creyentes. Como les dije, Bety y yo cometimos errores, pero estamos asumiendo nuestra responsabilidad. Queremos formar una familia. También les comenté a mis papás, ellos van a venir desde Tapachula a pedir formalmente la mano de Bety. Todo se hará como ustedes lo indiquen.

Cuando terminó su discurso me agarró la mano, le sudaban las palmas. Volteé a ver a mamá. Me sonrió, estaba tranquila.

Entonces empezó mi papá:

—Ernesto, yo te conozco, he visto tu trabajo. Te di la confianza, ¿qué parte no entendiste cuando les dije que se esperaran? Mi hija acaba de salir de la universidad, no se ha titulado. ¿De qué respeto hablas? Nunca nos respetaste. Bety, te dije que sí aceptaba a Ernesto para que fuera tu novio, pero yo nunca me esperé que me hicieran esto y los responsabilizo a los dos… Ernesto, ahora ya tienes un problema muy fuerte, tú no sabes con quién te metiste. Yo soy triqui, y no dejo que se burlen de mí. Tú sabes bien que somos de sangre caliente. Ya nos hicieron daño por mucho tiempo y ya no nos dejamos. Yo te di mi confianza, ¿por qué abusaste?

Y que le suelta un manotazo a la mesa. Mi mamá y yo brincamos del susto.

—A ver, don Juan… —dijo Ernesto, pero mi papá lo interrumpió:

—Estoy hablando y me respetas. Cállate, no tienes por qué hablar, al contrario, tienes que tener vergüenza cuando estés frente a mí… Y volvió a manotear sobre la mesa.

—A ver, don Juan…

—Te digo, aquí tienes que respetar. Pensarás que por ser indígena soy pendejo, pero no. Lo que ustedes hicieron es una burla para nosotros, tú…

Ernesto también le soltó un manotazo a la mesa y dijo:

—A ver, don Juan, yo vine aquí con todo respeto, ya le dije a usted que no hicimos bien las cosas, pero a mí no me esté pendejeando, y si de sangre caliente se trata, también nosotros tenemos lo propio, yo vengo de Tlacolula y de Tapachula. Allá también tenemos la sangre caliente, y no me diga que viene un problema, es mi hijo o mi hija la que viene en camino y para nosotros es nuestro hijo, no un problema. Le estoy dando la cara porque somos responsables de nuestro bebé. Para empezar, usted va a ser su abuelo y le pido más respeto para mi familia, porque ahora Bety y el bebé son mi familia. Yo nunca dije que hice las cosas bien, por eso vine, para decirle que me voy a casar con su hija…

Cuando dijo eso, mi papá ya no sabía qué contestar, así que lo picó:

—Ah, ¿sí?, pues entonces ponle fecha, porque si no, nada más lo vas a alargar.

—Mañana mismo si quiere, al cabo que aquí cerquita está el registro civil. A mí sí me gustaría que vinieran mis papás y hacer las cosas bien, pero como usted me diga. Ándele, vamos…

—No, cabrón, aquí no vas a venir a gritar, hijo de tu chingada madre…

—No, don Juan, usted no me grite, que no soy ningún pendejo. Soy un hombre y también… ¿qué quiere?, ¿que nos demos en la madre?, pues nos damos…

Ya no sabía qué hacer, me solté a llorar, a gritar que se calmaran, pero ellos seguían.

—Mire, don Juan, yo vine aquí con respeto, porque vengo a hablar con la familia de mi esposa, con la familia de mi mujer… no vengo aquí a mentar madres, a decirle que soy más que usted… Ahorita no está usted con los triquis, don Juan, yo…

Y en eso que mi papá saca la pistola, pegué un grito:

—Papá, por favor… le decía llorando.

Mi mamá también trataba de tranquilizarlo, pero él seguía.

—No te tengo miedo, Ernesto…

—¿Quiere pleito, don Juan?, ¿pleito porque viene mi hijo, su nieto, su nieta? Nada más que si me va a amenazar, amenáceme bien, si me va a tirar, tíreme bien, don Juan. Tíreme a matar, porque si me deja vivo, yo regreso y a ver cómo nos va…

Yo estaba llore y llore… mi mamá tuvo que entrar y dijo:

—Ernesto, aquí mi esposo está entendiendo mal las cosas. Estamos muy contentos con esto que nos vienes a decir. Es un motivo de fiesta, no de pleito. Qué bueno que van a venir tus papás.

Ahora ellos van a ser nuestros compadres, porque así es la tradición de mi pueblo. Me da mucho gusto que los vamos a conocer...

Mientras hablaba, poco a poco le iba bajando la pistola a mi papá, hasta que se la quitó.

—Así es la vida, así es la vida —decía ella.

—Como papás nos hubiera gustado que Bety estuviera más tiempo con nosotros, pero tenemos que aceptar que los hijos se van a formar su propia familia... ahora va a venir un bebé... estamos contentos, la familia crece, qué bueno que ya viene pues un bebito, una bebita, todavía no sabemos qué es, pero aquí va a ser nuestra primera nieta o nuestro primer nieto... vamos a estar muy contentos de recibirlo o recibirla, lo que diga Dios...

Mi mamá se aventó el discurso más sabio que he escuchado en mi vida.

—Muchas gracias, doña Sofía, gracias de verdad por esas palabras. Discúlpenme de verdad, discúlpennos a los dos... A mí mis papás no me abandonaron, ¿por qué lo iba a hacer yo? —explicó Ernesto.

Ahí fue cuando mi papá cambió por completo y le dijo:

—Pues bienvenido a la familia...

Cuando escuché eso, volví a respirar.

Ya estábamos todos tranquilos, mi mamá le preguntó a Ernesto sobre su familia y él les empezó a contar que su papá era de Tlacolula, pero que muy joven se fue a vivir a Tapachula y allá conoció a su esposa y se casaron, que él se había venido a estudiar a Oaxaca y... en eso se interrumpió, volteó a ver a mi papá y le dijo:

—Le agradezco, don Juan, que me dé la bienvenida a su familia, va usted a ver que voy a tratar a mi esposa con mucho respeto, con mucho cariño...

Acordamos que me quedaría en casa de mis papás hasta el día de la boda. Les explicamos que había tenido una amenaza de aborto y que el médico me había recomendado mucho reposo y tomar vitaminas. Se nos fue la tarde platicando.

Ernesto se despidió y cuando le estiró la mano a mi papá, él lo jaló y le dio un abrazo. Ese fue el primer abrazo que se dieron en su vida. Mi papá estaba llorando. "No me malinterpretes —le dijo a Ernesto—, estoy llorando de felicidad. Bety es mi primera hija y esta es una nueva etapa en su vida, cuando nazca tu bebé me vas a entender".

Capítulo 9

MUJER DE HUIPIL ROJO

Mis hermanos enloquecieron de felicidad cuando les conté que estaba embarazada. No podían creer que iban a tener un sobrinito. Los más pequeños, Juan y Maribel, nunca habían convivido con otros parientes. No conocieron a sus tíos, no sabían lo que era jugar con sus primos o una comida familiar. Para ellos, un bebé representaba una esperanza de vivir con normalidad. Le prometieron a Ernesto que mientras estuviera en Huajuapan, me iban a cuidar como yo lo hice cuando eran pequeños. Me gustaba ver a Ernesto emocionado, preocupado por nuestro hijo y al pendiente de mi salud. Era un hombre protegiendo a su familia... eso me hizo enamorarme más de él.

En noviembre, durante la celebración de Día de Muertos, la familia de Ernesto vino a pedir mi mano. Como es tradición, la ceremonia fue en la casa de mis padrinos de bautizo, Lupita y Vicente. Se hace así para darles su lugar y mostrarles respeto.

Desde temprano barrimos y lavamos el patio. Pusimos mesas, sillas, manteles. Ernesto me había dicho que solamente vendrían sus papás, su hermana, sus abuelitos y quizá una tía, es decir nosotros esperábamos por mucho a 10 personas. De repente, vimos llegar seis carros, se estacionaron en frente de la casa y empezaron a bajar unas canastas enormes llenas de pan, chocolate, café… También nos trajeron guajolotes.

Sus papás venían desde Tapachula. Sus abuelitos, su tía Amalia y otros parientes, de Tlacolula. También nos acompañó su hermana. A ella ya la conocía porque vivía en la ciudad de Oaxaca. Por mi parte asistieron mis papás, mis hermanos y algunos primos y tíos.

Antes de entrar a la casa su abuelito explicó: "Disculpen ustedes que no se haya traído la banda, no sabíamos cómo es la costumbre de ustedes y no queríamos que se malinterpretara, pero reciban esto que es nuestro presente". Mi mamá, mi madrina y mis hermanas cargaron las canastas y entonces la tía de Ernesto empezó a recitar en copla, presentó a las familias, dijo que hablaba en nombre de su hermano, que estaban muy contentos de conocernos, que éramos bienvenidos a su familia. Explicó que, sin importar de qué pueblo veníamos, ese día todos éramos hermanos. Agarró las manos de mis papás y las de los papás de Ernesto y dijo: "Hoy todos nos damos la mano". Luego mi padrino los invitó a entrar: "Esta es ya su casa, la casa de la familia".

En casi todo Oaxaca, la pedida de mano es muy importante porque es el momento donde se forman los compadrazgos entre los papás de los novios y representa la unión de las familias. La tía Amalia dirigió la ceremonia:

—Don Juan Domingo, este de aquí, Ernesto Gutiérrez, mi hermano, es su compadre. Aquí, señora Sofía, está su comadre, la señora Teresa. Así es que yo les pido se saluden como compadres.

Tanto mi papá como el papá de Ernesto se saludaron, se abrazaron. Y mi mamá con la mamá de Ernesto también.

La tía continuó:

—Estos dos muchachos tomaron la decisión de formar una familia. Así es la vida para ustedes como papás. Tienen que aceptar que los hijos se van, pero la familia crece. Don Juan Domingo, doña Sofía, ustedes ya tienen un nuevo hijo: se llama Ernesto. Teresa, Ernesto, ya tienen una nueva hija: les presento a Beatriz.

Después del ritual comenzamos a servir la comida. Mi mamá preparó mole mixteco como se acostumbra en su región, hecho a base de chile costeño y semillas.

De la cocina traían platos llenos de arroz y frijoles, tazcales con tortillas y platones con quesillo y chicharrón. Mis primos habían comprado refrescos. Luego servimos chocolate espumado acompañado con pan de cazuela de Tlacolula que nos habían traído. Mi suegro nos confesó que estaba feliz porque ahora tenía una nuera oaxaqueña, su otro hijo se había casado con una muchacha de la Ciudad de México. Todos nos reímos. Mi suegra pidió más mole. Dijo que era la mejor comida que había probado en su vida. "Gracias por recibirnos como reyes", les reconoció a mis padrinos.

La tradición

Un día antes de la boda religiosa se llevó a cabo el matrimonio por el civil y la ceremonia triqui, que es parte fundamental de nuestra cultura. Las mujeres del lado del esposo son las encargadas de arreglar a la novia. En mi caso, como Ernesto no es triqui y su familia no conoce la cultura, las encargadas de vestirme fueron mi mamá, mis hermanas, mis tías, primas y algunas amigas. Ellas me entregaron mi primer huipil de señora, de casada. Las mujeres de Copala portamos con mucho orgullo nuestro huipil porque representa nuestra identidad cultural. A diferencia de otros trajes tradicionales de Oaxaca, el nuestro nos llega hasta los tobillos. Predomina el color rojo pero va acompañado de franjas de colores vivos y llamativos, colores que representan las flores originarias de esta zona. La elaboración del huipil es una tarea que solo realizan las mujeres. Lo tejen a mano en un telar de cintura. Se puede hacer de hilo de estambre, que es más pesado y lo usamos cuando hace frío. También se puede confeccionar con tela de seda, pero ese lo usan más las mujeres jóvenes; aunque es más costoso y tardan más tiempo en hacerlo.

El huipil está compuesto por tres tiras: la derecha, la izquierda y la central, que se tejen por separado y luego se unen con un bordado especial. La parte central, que lleva la figura madre a la que le llamamos mariposa, porque representa la metamorfosis de la mujer, es la más complicada de tejer y requiere más tiempo, mientras que las tiras laterales son más fáciles de realizar. Cada huipil tiene un significado, y las figuras que se tejen, como mariposas, pinos o pájaros, son símbolos que tienen una representación cultural importante. Además, el bordado del listón alrededor del cuello simboliza el sol y la luna, mientras que los colores del arcoíris representan la temporada de lluvia. El huipil no solo es una vestimenta, sino una forma de transmitir la historia, la cultura y el orgullo de ser mujer triqui.

Los huipiles varían dependiendo de la edad, estado civil o jerarquía de la mujer. Por ejemplo, el huipil de las niñas es blanco y tiene estrellas bordadas y otros símbolos; el de las abuelitas también es blanco, pero con una franja roja más delgada. El huipil que me entregaron era el de una mujer recién casada, rojo y con una figura muy fina. Es un huipil que tarda en hacerse porque es para una ceremonia importante. Además, también me pusieron muchos collares, aretes, pulseras, peinetas, flores y la fajilla a la altura de la cintura, todo como lo dicta la tradición.

Una boda triqui marca la unión de las familias y se hace para asegurar que la sangre de nuestro pueblo siga creciendo. A pesar de que la familia de Ernesto no conocía nuestra cultura, ellos aceptaron participar y fueron parte del rito. Durante la ceremonia se comparte el mezcal, los hombres beben de un cantarito chiquito y las mujeres de otro. Se lo van pasando de mano en mano y antes de beber expresan sus buenos deseos para la nueva familia. Mi papá ofreció un discurso en triqui, luego hablaron mis padrinos y otros miembros de mi familia triqui de la comunidad. En esa ceremonia sentí que finalmente mi identidad estuvo presente. Más tarde, llegó la boda oficial en el Registro Civil y nos casó una jueza rodeados de nuestras familias, fue un evento más íntimo.

Mi pueblo, mi familia, mi esposo

Nuestra boda por la Iglesia fue el 18 de diciembre del 2000. Desde el día en que Ernesto fue a la casa para decir que yo estaba embarazada, habíamos acordado que se haría a final de año, porque como los papás de mi esposo son comerciantes, durante esas fechas podían dejar su negocio a cargo de personas de su confianza.

Desde la planeación del evento nos encontramos con dificultades derivadas de las diferentes costumbres que existen en las regiones de donde son nuestras familias. Por ejemplo, en Tlacolula, los gastos de una boda corren por cuenta de la familia del novio, en la mixteca es al contrario, en Tapachula se acostumbra dividir los gastos y mi papá nos ofreció que él pagaba. Los triquis tenemos un sistema de compadrazgos donde toda la comunidad aporta. Pero mi esposo se resistía a recibir dinero de otras personas.

Para nosotros, los triquis, los compadrazgos tienen un significado muy profundo. Ernesto me decía que él no iba a andar pidiendo dinero, pero no se trata de eso, sino de crear lazos entre las familias, porque ser padrino de alguien implica compromiso, cuidado y apoyo mutuo. Los compadres comparten responsabilidades, se ayudan en momentos difíciles y colaboran. Además, el compadrazgo fortalece la organización comunitaria y mantiene vivas nuestras costumbres, transmitiendo valores y conocimientos.

Son parte de una red que sostiene nuestra vida colectiva. Ernesto aceptó y le pedimos al doctor Magdiel Hernández Caballero y al antropólogo Carlos Moreno Derbez que fueran nuestros padrinos y a otros amigos y conocidos con detalles simbólicos como los anillos, el lazo y las aras.

Como mi papá insistió en su ofrecimiento, decidimos que ellos organizaran la comida del civil, que era un evento más sencillo e íntimo. Nosotros nos hicimos cargo de la ceremonia religiosa y sus papás nos ayudaron con algunos gastos.

Apartamos la fecha en una iglesia que nos gustaba mucho y asistimos a las pláticas prematrimoniales. Escogimos un salón muy agradable en la ciudad de Oaxaca, reservamos el menú, la música e hicimos la lista de los invitados. Además de nuestra familia cercana, incluimos a algunos amigos y parientes en segundo grado, tíos y primos que no nos habían acompañado a la pedida de mano y a la ceremonia civil.

Poco a poco se empezó a correr el rumor entre las organizaciones sobre nuestra boda. Ahí fue donde empezaron los problemas. Mi papá me dio una lista con los nombres de los dirigentes de la organización. Yo le dije: "Papi, por favor, no podemos invitar a tanta gente. Nos están cobrando por platillo…", pero me respondió: "Si no estoy diciendo que lo hagan ustedes solos, ya les dije que yo también aporto". Cuando le conté a Ernesto lo que estaba haciendo mi papá, le picó el orgullo y llevó a toda la cúpula de la UCD: Salomón Jara, Rey Morales y Efraín Solano.

Era un caso delicado porque, aunque no quisiéramos, nuestra boda se convirtió en un asunto político. Después de varias horas de meter y sacar gente de la lista, pensamos: "Que lleguen los que quieran, ya no es nuestro problema, nosotros cumplimos…".

Fue una boda muy sonada en Oaxaca, porque por primera vez se juntaba la crema y nata de las dos organizaciones políticas más importantes de la izquierda de la región, el MULT y la UCD. Fue una situación extraña ver unidas a las dirigencias de estas dos organizaciones. Ernesto convidó a los líderes de la Unión Campesina Democrática. Nuestro padrino fue Salomón Jara Cruz, el actual gobernador de Oaxaca. Por mi parte, invitamos a los líderes y fundadores del MULT y todos estuvieron conviviendo en un ambiente ajeno a las negociaciones, mesas de diálogo y litigios agrarios.

Ya en la fiesta, los responsables del salón nos dijeron que había personas afuera que querían ingresar, pero que no tenían boleto. Ernesto autorizó que entraran porque creyó que eran algunos familiares de Tlacolula que habían olvidado su pase o amigos míos de la universidad o de Huajuapan, pero eran periodistas que trabajaban para algunos medios locales, de eso nos enteramos al día siguiente porque algunos periódicos publicaron la nota donde decían que nuestra unión estaba calculada, que fue una estrategia política, un matrimonio por conveniencia, pero eso no es cierto.

En mi boda, varios de los líderes, funcionarios y actores políticos que invitamos aprovecharon el momento para felicitarnos, pero también para dar su discurso, con su toque político incluido. Fue curioso ver cómo, en medio de la fiesta, pasaban de hablarnos de la importancia de la familia, de los buenos deseos para nuestra nueva etapa, a lanzar mensajes con sus respectivas posturas políticas. Me sorprendía verlos en ese tono tan distinto, tan relajado, cuando yo los conocía en las calles, exigiendo y gritando, pidiendo libertad, hablando de presos políticos. No estaba acostumbrada a verlos así, tan solemnes, pero a la vez cercanos, enviando un mensaje personal, pero sin salirse de su personaje.

Para el exterior nuestra boda representó la unión del MULT y la UCD para abarcar todo el territorio y tener más poder, ya que en ese momento eran las dos organizaciones visibles del estado. Yo no quería que mi boda se convirtiera en un acto político o que se creyera que era una estrategia, por el contrario, Ernesto tuvo que ganarse de nuevo la confianza de la UCD, ya que en un primer momento ellos nos trataron de alejar porque creían que nuestra relación afectaba su trabajo.

Sin embargo, en la fiesta ya todos éramos amigos, todos estaban contentos, se les había olvidado que nos habían hecho a un lado. En mi caso, el MULT significaba la lucha de años de mi papá, mi familia y mi comunidad. Me lastimó que pensaran que mi matrimonio había sido una maniobra política. A pesar de todo yo estaba contenta. Había cumplido con mi pueblo en la ceremonia triqui, y con mi esposo y mi familia en la boda civil y religiosa. Ahora iniciaba una nueva etapa en mi vida, donde lo más importante era que venía mi hija. Esa fiesta fue la mejor manera de darle la bienvenida.

Capítulo 10

EL PRIMER ENCUENTRO DE LA CULTURA TRIQUI

Una niña, estábamos esperando una niña. Mi embarazo, aunque era de alto riesgo, se desarrolló apropiadamente. Durante los primeros meses, en cada ultrasonido, el médico observaba cómo nuestra beba crecía y al mismo tiempo destruía los tumores de mi matriz.

Aproveché el reposo recomendado por el ginecólogo para escribir mi tesis y titularme. Me reuní con mi padrino, Magdiel Hernández Caballero, que había sido mi profesor en la Facultad de Derecho de la UABJO, para pedirle que fuera mi asesor. Le expliqué que quería investigar el conflicto de límites de tierra de Copala. Se emocionó, me explico que si la hacía bien, marcaría un antecedente, porque era un tema que no se había documentado ni estudiado. Platicamos sobre el enfoque que le daría, de los textos jurídicos que debía estudiar, y me recomendó buscar al antropólogo Carlos Moreno Derbez, que estaba a cargo de la Secretaría de la Reforma Agraria del estado de Oaxaca. Él también me había dado clases en la universidad y fue mi padrino de graduación.

Caminé hacia su oficina, se alegró de verme y estuvimos horas platicando sobre el conflicto de tierras de Copala. Me explicó que la violencia tenía su origen en el despojo agrario. Llamó a su asistente y le pidió un mapa, cuando lo trajo lo extendió sobre su escritorio y me explicó la historia de la delimitación territorial de Copala. Puso a mi disposición planos, actas, libros e instruyó a las personas a su cargo para que me dieran información y me apoyaran en lo que necesitara.

Me dediqué a escribir mi tesis, investigué todo sobre el conflicto de límites de tierra entre San Juan Copala y sus vecinos a través de los acuerdos que involucraban a la comunidad; gracias a las facilidades de mis padrinos hice un análisis de toda la información que obtuve de la Reforma Agraria y pude explicar no solo el origen del conflicto agrario, sino también su desarrollo y estado actual. Comencé los trámites para mi titulación, pero la postergué para después de que naciera mi nena.

Encuentro, mujeres y cultura

Cuando me cansaba de escribir mi tesis, me gustaba visitar a mis excompañeras del internado de Copala que ahora vivían en la Casa del Estudiante. Una tarde, mi amiga Emelia nos convidó con un atole de frijolón que le habían llevado unos parientes. Empezamos a evocar los platillos que extrañábamos, las ferias, la música, los tejidos, las costumbres, y nos dimos cuenta de que la cultura nos hermanaba a todos los pueblos triquis y nos daba identidad. Entre la plática surgió la idea de hacer un encuentro de la cultura triqui con la finalidad de preservar y mostrar al mundo parte de nuestra cultura y tradiciones.

Estuvimos toda la tarde platicando y me acordé de que en la primera marcha que hizo el MULT, una de las camionetas de avanzada fue interceptada por un grupo enemigo e hirieron a varios compañeros. Como existía un pacto de no agresión a las señoras, niñas y abuelitas en las marchas, nos pusimos hasta adelante. Desde que tengo uso de razón las mujeres triquis somos el escudo de nuestros hombres. En las marchas siempre vamos al frente protegiéndolos, porque si algo les pasa a ellos, nosotras debemos responder. Las mujeres representamos el futuro de nuestro pueblo. La cultura y la educación de las nuevas generaciones está en nuestras manos. Por eso decidimos apoyarnos en las mujeres para hacer el Primer Encuentro de la Cultura Triqui. En el comité organizador estábamos Emelia y Adriana Ortiz García, Alicia, Irma Solano y yo, que éramos hijos de los líderes naturales de nuestras comunidades. Queríamos apartarnos del camino de la violencia y cambiarlo por la cultura.

Platicamos con nuestros papás y los convencimos de que era viable hacer el encuentro, decidimos invitar a nuestros hermanos triquis de San Andrés Chicahuaxtla, Huajapan de León, Tlaxiaco y Juxtlahuaca. Para llegar a los pueblos teníamos que informar a los líderes de las organizaciones que nos dejaran entrar. Muchas comunidades estaban en conflicto. En Copala, por ejemplo, se había establecido un cerco para evitar la entrada de militares o policías. Si quería ir, tenía que avisarle a mi papá y él decía a qué hora íbamos a llegar, cuántas personas éramos, de dónde veníamos y qué íbamos a hacer. Fuimos a invitar a las comunidades y nos tocó sensibilizar tanto a las autoridades tradicionales como a las administrativas.

En una ocasión llegamos a la terminal de autobuses de Juxtlahuaca, una camioneta de redilas nos estaba esperando para llevarnos a Copala, es normal ir en la parte de atrás. Yo estaba embarazada de seis meses y cada vez que saltaba la camioneta me pegaba un susto, pero ni modo, era lo que había y teníamos que organizar los preparativos e invitar a las delegaciones para que asistieran a nuestro encuentro.

Decidimos hacerlo durante la fiesta del santo patrono de San Juan Copala, Tata Chú, que se celebra el tercer viernes de Cuaresma.

En esta fecha, los peregrinos llegan desde Michoacán, Puebla, Guerrero y algunos municipios de Oaxaca a dejarle ofrendas, flores, le rezan y le solicitan milagros. Nuestro Tata Chú es un Cristo milagroso vestido con una túnica roja o guinda. Durante la fiesta no hay enfrentamientos, porque hay peregrinos que vienen de fuera y hermanos triquis que le tienen fe a Nuestro Tata Chú, por eso decidimos que era el mejor día para llevar a cabo el encuentro.

Para que se pudiera llevar a cabo este evento en Copala, se requirió la voluntad de los lideres de las organizaciones del MULT y el Ubisort, con quienes después de varias pláticas con el párroco Alejandro Tovar Guzmán como mediador, logramos lo inimaginable: un sutil pero enorme acuerdo de paz respaldado por nuestra cultura y por Nuestro Tata Chú, aunque solo fuera durante esos días de fiesta. Lo que ocurrió después fue la organización interna, donde se seleccionó a los Chilolos, grupo de las mujeres y hombres danzantes, todos ellos provenientes de varias comunidades que representarían a los triquis de Copala. Su maestro fue mi tío Cirilo Guzmán de Cieneguilla. Las autoridades de los pueblos apoyaron a los grupos artísticos y financiaron su transporte. Llegó el día previsto para el festival. Las calles de Copala estaban adornadas para recibir a los fieles de Tata Chú, mis compañeras y yo nos vestimos con nuestros huipiles rojos y nos fuimos a la plaza del centro ceremonial. Los comerciantes estaban atareados acomodando su mercancía, los vendedores de flores llenaban cubetas con agua para colocar ahí los cempasúchiles naranjas, rojos y moteados. Otros amarraban con lazos los techos y lonas de sus puestos. Mientras esperábamos a los invitados, nos compramos unas tetelas, que son unos triángulos de maíz con frijol y chile. Es picante, pero muy rico.

Poco a poco comenzaron a llegar las delegaciones. Nos confesaron que estaban preocupados porque creían que no había condiciones para hacer el encuentro, los tranquilizamos, les dijimos que todo estaba organizado y que nos esperaba una buena jornada. Era la primera vez, desde que comenzó el conflicto, que los danzantes de otras comunidades bajaban a bailar a Copala. Las bandas de viento se acomodaron para acompañar el recorrido de las agrupaciones y comparsas provenientes de los distintos pueblos triquis. Entre los danzantes destacaban los *chilolos*, que son las figuras centrales de la tradición de Semana Santa. Llevan trajes de camisa y pantalón hechos con retazos de tela o de telas de imitación de tigres, osos, leones; máscaras de animales o de rostros de personas; en sus manos portan un banderín hecho de carrizo y colgantes de papel en forma de listones de varios colores, y también portan una gorra similar. Los *chilolos* representan a los conquistadores españoles. Alrededor de ellos danzan los *tigres* o *leones*, los encargados de proteger a los pueblos. Durante la danza es común que corran detrás de los niños y los asusten. Las comparsas recorrieron las principales calles del pueblo, hasta el atrio del santuario de Tata Chú. Allí las delegaciones expusieron parte de su cultura, hablaron de sus fiestas y tradiciones, mostraron sus danzas y jarabes regionales.

Ese primer encuentro fue un éxito, tanto que los siguientes cuatro años se continuó haciendo con mi compañera Emelia al frente. Después hubo cambio de dirigencia en la Ubisort y el líder no aceptó el acuerdo y la fiesta de San Juan Copala no se pudo llevar a cabo porque una semana antes hubo disparos y asesinaron a una persona. Pero para nosotros fue un evento muy importante, porque por primera vez los líderes de ambas organizaciones ponían en primer lugar el respeto hacia nuestra cultura, hacia nuestra identidad, y enviamos un mensaje al exterior de que los triquis no concebíamos la violencia como el camino para resolver nuestras diferencias, sino el rescate de nuestra cultura para unirnos. Después de la presentación de las danzas se les regaló la comida típica de San Juan Copala.

En este Primer Encuentro de la Cultura Triqui también quisimos resaltar la gastronomía de la zona, porque es uno de los rasgos que tenemos en común los pueblos triquis.

En muchas comunidades, durante las conmemoraciones de Día de Muertos y Semana Santa, y otras fiestas importantes, la gente acostumbra comprar carne de res, pero no compran poquito, sino varios kilos, pues con una parte se realiza nuestro caldo de res, típico en las festividades, y la otra parte se sala y se pone a secar al sol, se guarda en la noche y al otro día nuevamente se pone a secar. Esta carne oreada la guardamos y la comemos en otro momento.

Las enchiladas son unas tortillas del tamaño de un comal que se untan con una salsa hecha de chile costeño, cilantro, hoja de yerba santa y caldo de res. La carne salada dura muchos meses y se puede asar o freír. También se le puede echar a un caldo de frijol o a una sopa aguada. Nos gusta acompañarla con quelites, huevo o totopos de la región triqui, que son unas tortillas tostadas muy grandes. En las fiestas se llenan varios costales de totopos y se ponen en el altar del santo al que está dedicada la fiesta.

Una comida tradicional en Copala incluye salsa muy picosa, frijoles y un pedacito de carne salada. En nuestras comunidades tenemos una gran variedad de comida. A las milpas vamos por manojos de quelites, piojillo, quintoniles, zarzamoras, alaches, pápalo, maíz tierno, camotes.

En el monte se encuentran varios tipos de hongos para hacer en caldo, asados con salsa y hasta en atole. Las hormigas chicatanas sirven para hacer salsa, o se comen en tamales o en atolito. También consumimos armadillo y conejo. Solo en las fiestas importantes se acostumbra el venado, pero su carne se comparte con toda la comunidad. Eso es lo bonito del pueblo triqui. Podemos estar enojados, pero si suena un violín, vamos a querer bailar. Si llegan la banda y el pulque, vamos a convivir. Nunca se te olvida tu comida, tus costumbres, eso que nos hermana a los triquis, nos une como pueblo, como cultura, nuestra lengua, nuestra música, nuestros colores y sabores.

Del color de la tierra

Mi esposo me decía que no me podía quedar quieta. Un mes después del Encuentro de la Cultura Triqui nos avisaron que el Ejército Zapatista de Liberación Nacional (EZLN) estaba planeando una caravana: la Marcha del color de la tierra. Su objetivo era llegar a la Ciudad de México para tener un diálogo con el presidente Vicente Fox. En su recorrido pasarían por 17 estados de la República y entre ellos estaba Oaxaca. Las cuatro principales demandas del EZLN en ese momento eran el cumplimiento de los Acuerdos de San Andrés, la activación de la ley indígena, la liberación de las y los presos zapatistas que estaban en las cárceles de Chiapas, Tabasco y Querétaro, y la desmilitarización de la zona de influencia zapatista.

En la caravana venían varios de los dirigentes más visibles del EZLN, como las comandantas Ramona y Yolanda, los comandantes Abel, Abraham, Bulmaro y Tacho y el subcomandante Marcos.

Como representantes del MULT nos unimos a resguardar el lugar a donde llegarían los compañeros en Oaxaca. El encuentro se dio el 26 de febrero del 2001 en la Iglesia de los Pobres, que está en la colonia Reforma. A los que formamos parte de la comitiva nos citaron a la una de la tarde para formar la valla por donde pasaría la caravana. Llegué muy emocionada, vestida con mi huipil rojo, y me uní a mis compañeras Emelia y Adriana. Oaxaca es cuna de muchos movimientos de izquierda. Esperábamos una concentración muy grande, pero lo que sucedió rebasó nuestras expectativas. Conforme avanzó la tarde, la plaza se llenó de jóvenes estudiantes, miembros de movimientos sociales, magisteriales, sindicatos, compañeros y compañeras indígenas.

Cuando la caravana entró a la plaza, las consignas se volvieron cada vez más estruendosas. La comandanta Yolanda y el subcomandante Marcos enviaron un mensaje especial para los pueblos indígenas de Oaxaca. Después nos tocó cuidar el lugar asignado para la cena y su descanso. Regresé a la casa con los pies hinchados. Mi esposo insistía en que me cuidara porque ya estaba muy cerca la fecha de nacimiento de nuestra bebé.

La lucha del EZLN en Chiapas y la del MULT en Oaxaca compartían una misma raíz: la defensa de los derechos de los pueblos indígenas frente a un Estado que históricamente nos ha negado la voz y la autonomía. Esa tarde, rodeada de mis hermanos y hermanas chapanecas con sus pasamontañas y paliacates sentí que estábamos trabajando por una causa justa y que el silencio de los pueblos indígenas nunca más sería cómplice de nuestro sufrimiento.

El último mes del embarazo estuve en casa, preparando todo para recibir a mi niña. Mi suegra nos visitó unos días antes del nacimiento. Me acuerdo que ella, muy cariñosa, me preparaba una bebida deliciosa que me permitía dormir como nunca. En una revisión de seguimiento la ginecóloga nos indicó que el cordón umbilical tenía dos vueltas. En Copala las parteras saben cómo arreglar eso, pero ya no teníamos tiempo de ir y nos propuso una cesárea.

Yo había adquirido el hábito de hablarle a mi niña desde la panza. Le contaba mis preocupaciones y hasta la hacía cómplice de mis secretos. Cuando vi a mi hija por primera vez me derretí, su boquita, sus ojos… era un milagro. Me acerqué a ella y le dije: "Si antes tenía que ser fuerte y valiente ahora voy a ser lo doble, lo triple por ti".

Capítulo 11

NAHO E ITAI

No me di cuenta de lo hermoso que es vivir hasta que me tocó ser dadora de vida.

Cuando abracé a mi hija, todo lo que había vivido, todos los momentos buenos y malos se revelaron como un regalo de Dios. Me di cuenta de que el universo nunca me había abandonado, por el contrario, siempre me apapachó.

El conflicto de mi comunidad, mis preocupaciones personales y mi familia ya no existieron a partir de ese momento. En mi mundo solo estaba mi hija. Me dediqué exclusivamente a ella. Me enojaba si llegábamos tarde a ponerle sus vacunas, si la veía inquieta corría a consultar a mi cuñada, que es médico, quien muy amable me atendía por teléfono porque estaba en Chiapas; no podía dejarla dormir en su cunita porque sentía que la estaba abandonando, si me iba a lavar los trastes o hacer el aseo, regresaba de inmediato a su lado porque no podía con la culpa de dejarla sola. Me angustiaba verla llorar porque me imaginaba que estaba sufriendo. Cuando empezó a caminar no toleraba que tocara la tierra. No quería que sintiera dolor. No dejaba que nadie más la cargara, ni siquiera mi esposo, porque temía que me la fuera a quitar.

Todo el amor que nunca pude expresar lo volqué hacia mi niña. Me volví sobreprotectora, exagerada. La veía tan pequeña y desprotegida, era una bebita, ni siquiera sabía hablar, ¿cómo se iba a defender?, ella me necesitaba.

Todos se dieron cuenta de mi conducta tóxica y obsesiva: mi suegra, mis papás, mi hermana, mi esposo, menos yo. La nena no podía estar con nadie, se volvió muy chillona. Un día, Ernesto ya no pudo más y me dijo: "No te estoy cuestionando, no eres mala madre, pero creo que ya es demasiado, si no dejas que la niña llore, ¿cómo vas a saber que está enferma? ¿No ves que le estás haciendo daño?". Poco a poco mi familia me fue sensibilizando. No fue un proceso fácil; tuve que aceptar que mi hija tenía una historia propia, que iba a sufrir, a tener sus propios dolores, que debía darle espacio y libertad para hacer sus berrinches y travesuras, para jugar y ser niña.

Con el tiempo empecé a aceptar que Nahomi saliera con mi hermana Emma, o con su tía Lorena, que se la llevara al mercado o a dar una vuelta; pero incluso en aquellas ocasiones yo la llamaba varias veces para preguntarle si la niña estaba bien.

Cuando Nahomi tenía un poco más de medio año, descubrí que de nuevo estaba embarazada. Este bebé nos tomó por sorpresa. Desde que nació Naho decidí ponerme el DIU para verla crecer y disfrutarla. Sin embargo, nos alegramos mucho de recibir otro bebé en la familia. En mi segundo embarazo retomé los planes de titulación, desempolvé mi tesis que había dejado en pausa, realicé los trámites necesarios y por fin logré tener la cédula y el título de licenciada en Derecho.

Durante mi embarazo, Nahomi se volvió más chiquiosa. La ginecóloga me advirtió que tenía que cuidarme porque la cicatriz de la cesárea aún no maduraba y estaba expuesta. Aunque era pequeña, le expliqué que venía en camino una hermanita y que teníamos que cuidarla. Se acercaba para acariciarme la panza y le contaba secretos al bebé. A pesar de que no tenía un trabajo formal, me cansaba mucho porque la bebita se movía bastante. Solo quería dormir del lado izquierdo. Me acuerdo de que cuando llegaba su papá le decía: "A ver, mi amor, necesitamos ayudar a tu mamá. Dale unos minutitos, deja que descanse", y solo así se volteaba.

En una ocasión, me encontré a mi padrino, Carlos Moreno, y me ofreció un puesto de planta en Huatulco. Me emocioné porque realmente deseaba trabajar, dedicarme a mi carrera que tanto me había costado. Platiqué con Ernesto y me recomendó explicarle lo de mi embarazo. Mi padrino me comentó que él no tenía ningún problema con eso y le pidió a su personal que me explicara en qué consistiría mi labor. Tenía que ir a comunidades muy alejadas. Me senté a pensar con la cabeza fría y me di cuenta de que no iba a poder. Necesitaría que alguien se fuera conmigo para cuidar de mi niña, pero cuando naciera la otra bebé… ¿cómo le iba a hacer? Por segunda ocasión rechacé un trabajo que parecía ser una muy buena oportunidad laboral. Le agradecí a mi padrino y le conté a Ernesto que no había aceptado. "¿Sabes? —me dijo—, qué bueno que tú tomaste la decisión, porque yo de plano no estaba de acuerdo. Mis hermanos, hermanas y yo siempre vivimos con mis papás, toda la familia junta. Entiendo que tu vida no fue así, pero yo no pienso separarme de mis hijas nunca. Tienes derecho a trabajar, pero piensa en las niñas. No priorices ahorita un trabajo. Yo veré cómo le hago para que ustedes estén bien. Por favor, considera mi opinión".

Cuando nació Itai, Naho se convirtió en su ejemplo a seguir. La chiquita era más tranquila, se la pasaba durmiendo. Me preocupaba que no despertara, pero mi mamá me explicó que así eran los bebés, unos duermen mucho y otros nada. Me dediqué a mis niñas, a cuidarlas y a atenderlas. Conforme fueron creciendo, se convirtieron en un gran equipo. Itai seguía los pasos de Nahomi en cada cosa que hacía. Si Naho aprendía a ir al baño, ella también pedía su nica. Si daba sus primeros pasos, Itai se subía a la andadera. Siempre iba tras su hermana mayor.

Ni a mi peor enemigo

No quería que nadie más cuidara a mis hijas. Me aterraba llevarlas a una guardería porque había escuchado que los niños se caen o los maltratan, que no hay mucha seguridad. Así que decidí aceptar trabajos que podía gestionar desde mi casa, como la elaboración de oficios, la redacción de documentos jurídicos o asesorías legales. Tuve la oportunidad de formar una asociación civil con unas compañeras.

Participamos en una convocatoria para la ejecución de proyectos de desarrollo comunitario y derechos humanos, que consistía en capacitaciones y algunos planes económicos. Elaboraba los documentos y ellas se encargaban de todo lo demás. También gestioné un proyecto de desarrollo social en la comunidad de donde era originaria mi mamá. Consistió en la capacitación para que las señoras beneficiarias aprendieran un oficio de corte y confección y se les entregaron máquinas de coser. Estas iniciativas tuvieron un gran impacto local porque estaban dirigidas a las mujeres. Yo me encargaba de rastrear las convocatorias y apoyar con la preparación de la documentación necesaria para solicitarlas.

Nahomi e Itai tenían tres y dos años cuando mi padrino, Carlos Moreno, le ofreció a Ernesto un puesto en un área en la Ciudad de México. Decidimos que era una buena oportunidad y aceptó. Rentó un departamento en Ciudad Nezahualcóyotl, una colonia en el Estado de México que pertenece al área conurbada de la Ciudad de México. Lo acondicionó y muy emocionado me avisó que estaba todo listo para que llegáramos. La verdad es que yo jamás consideré la posibilidad de irme a vivir allá. Le di largas con el pretexto de que Naho estaba en el preescolar y nos esperamos a que terminara el curso escolar. Me habían comentado que el lugar donde viviríamos no era una zona segura y lo corroboré el primer día que llegamos.

Mi esposo nos recogió a las seis de la mañana en la Terminal de Autobuses del Poniente. Como era temprano cuando llegamos a la casa y no habíamos desayunado, se me ocurrió, como a cualquier señora, comprar comida para preparar el almuerzo. Agarré mi bolsa y preguntando llegué al mercado. Estaba buscando la tortillería cuando vi a una mujer que gritaba desesperada: "Se robaron a mi hijo, ayúdenme, se robaron a mi hijo". Tenía los labios resecos, estaba tan pálida que creí que se iba a desmayar. Los carniceros salieron de sus locales, las señoras que vendían verduras le preguntaron que dónde había sido. Empezaron a chiflarse de puesto en puesto, corrían de un lado a otro, bajaron las cortinas y en eso llegó la policía. Como pude compré tortillas, queso y huevo y regresé al departamento. Apenas abrí la puerta y le grité a Ernesto: "Yo me voy, me regreso a Oaxaca". Le conté lo que había pasado y que no quería exponer a mis hijas. Desde la ventana se veía la patrulla estacionada afuera del mercado. "Mira —me dijo—, de seguro ya lo encontraron". Unas semanas después, platicando con una vecina, me contó que nunca dieron con el niño.

Llegó el momento de inscribir a mis hijas a la escuela. No quería separarme de ellas, pero era el tema educativo y no tuve de otra. Las matriculé en el kínder más cercano que encontré. Era un colegio particular. Le dije a Ernesto: "Ni modo, te va a tocar pagarlo, aquí se van a quedar". Para llevarlas al preescolar, las agarraba tan fuerte de sus manitas, y me decían que no las apretara tanto porque les dolía. Hasta la fecha mis hijas se acuerdan de que llegaban a la escuela con las manos adoloridas.

Intenté ser menos preocupona, pero me costaba mucho trabajo. En ocasiones, cuando salíamos a pasear, a conocer la ciudad, veía a las niñas corriendo o jugando y le pedía a Ernesto que las agarrara, que no las dejara sueltas. Él me suplicaba que les permitiera disfrutar su niñez.

No dejaba que mis hijas visitaran a nadie. Prefería que sus amiguitos vinieran a la casa, les preparaba gelatinas y palomitas. Sus mamás los traían y los recogían, pero mis niñas nunca fueron a jugar con ellos. Me aterraba dejarlas solas con personas que no conocía, aunque fueran vecinas o mamás de la escuela.

Durante los poco más de dos años que vivimos en Nezahualcóyotl logré hacer algunas amistades. Contacté con una asociación de triquis que radicaban en la Ciudad de México y asistí a una reunión con ellos. Me hubiera gustado participar más, pero no podía dejar a mis hijas encargadas, así que desistí y no fui más que a unos cuantos eventos.

Aprendí a sobrellevar mi vida en el Estado de México, pero no me acostumbré nunca a ver a los chavitos de secundaria vendiendo droga en las esquinas, sabía que mientras no te metieras con ellos no te molestaban, pero no era el ambiente que deseaba para Nahomi e Itai. En algunos viajes, a Ernesto lo asaltaban en la combi, incluso en una ocasión le rajaron con navaja una mochila de piel que le habían regalado en su trabajo.

Lo peor sucedió un 10 de mayo. Las maestras organizaron un festival por el Día de las Madres en un auditorio. Nahomi iba a participar con un bailable. Quise tomarle una foto para enseñársela a su papá. Le dije a Itai que se quedara con la vecina, que era mi conocida, pero ella no quiso. Había mucha gente, la cargué, pero me decía que la apretaba mucho, así que la dejé en el suelo mientras tomaba la foto. Fueron unos cuantos segundos, cuando volteé, Itai ya no estaba ahí. Empecé a gritarle, la busqué butaca por butaca, le dije a la vecina que me ayudara, el corazón me latía tan fuerte que no podía respirar. Las luces y la música no me dejaban pensar con claridad. Corrí con las maestras y les pedí que anunciaran que mi hija estaba perdida, pero me explicaron que lo harían cuando acabara el espectáculo, les grité que no, que lo hicieran ya. Afortunadamente el portón del teatro estaba cerrado, se me ocurrió ir a la salida, ahí estaba mi niña, agarrada de la puerta, llorando, tan solita… La abracé y lloramos juntas. Si esa puerta hubiera estado abierta nunca más la habría visto, afuera había un tianguis atestado de personas, ¿dónde la iba a encontrar? Agarré a mis hijas y me fui a la casa. No me esperé ni a que me dieran mi regalo. Llegando al departamento me acosté con mis niñas en la cama, les puse una película y me la pasé toda la tarde llorando. Ese miedo, ese terror no se lo deseo ni a mi peor enemigo. Le hablé a Ernesto y le dije: "Ya no puedo más, me regreso a Oaxaca".

Conciliación agraria

Las elecciones estatales de 2010 fueron las más concurridas en la historia de Oaxaca. Por invitación de mi padrino, Carlos Moreno, me integré a la campaña de Gabino Cué Monteagudo para gobernador. Cué era candidato por la coalición Unidos por la Paz y el Progreso, conformada por los partidos PAN, PRD, Convergencia y PT.

Ernesto también se unió a la campaña de Gabino, pero por invitación de Salomón Jara de la UCD. Yo seguía vinculada al MULT y a otras organizaciones sociales de Oaxaca, por eso mi padrino me solicitó elaborar un proyecto sobre políticas públicas para mujeres indígenas y su relación con los conflictos agrarios. Él siempre apoyó a los pueblos originarios. Se especializó en la defensa de los derechos humanos, indígenas y agrarios. Mi papá lo conoció porque formó parte de las mesas de negociación como funcionario federal en una disputa entre los triquis de San Andrés Chicahuaxtla y de Santo Domingo del Estado contra Copala por la restitución de tierras. Utilicé mi experiencia con las mujeres indígenas con las que había trabajado en la Mixteca, Huajuapan y Tlaxiaco. Presentó ese proyecto a los dirigentes de la coalición y nos instaron a organizar foros sobre los problemas agrarios de las comunidades indígenas en Oaxaca. En esta ocasión sí me apoyé de mis redes familiares para que cuidaran a las niñas. El 4 de julio, día de la elección, llegué muy temprano a mi casilla, había una fila interminable. Mis hijas y mi hermana venían a verme y luego se iban, regresaban y yo seguía ahí. Logré depositar mi voto pasadas las cuatro de la tarde.

Esas elecciones fueron muy importantes para el estado porque veníamos de una gubernatura de Ulises Ruiz Ortiz bastante cuestionada, y nosotros, por nuestra parte, teníamos nuestro proyecto en juego. El triunfo fue arrasador. Más del 50% de los votos fueron para la coalición Unidos por la Paz y el Progreso. “Ya estamos en el gabinete”, me dijo entusiasmado mi padrino, que en ese momento se convirtió también en mi jefe. Me nombró su secretaria particular. Por primera vez en mi vida tenía un trabajo formal.

El gobernador Gabino Cué designó a mi padrino responsable de la Junta de Conciliación Agraria. Durante el tiempo que se desempeñó en ese puesto yo fui su secretaria particular. Cuando me incorporé, de inmediato me asignaron una oficina, mi equipo y una serie de responsabilidades muy claras. Desde el principio me dejaron saber que todo lo que se necesitaba era urgente. No había margen para la demora. Si algo se requería, tenía que estar listo de inmediato, incluso si eso significaba que yo debía ir personalmente a entregarlo, ya fuera con el gobernador o con algún secretario. Había información delicada que no se podía manejar por teléfono y que solo yo podía transportar. Así que aprendí a moverme rápido y a estar disponible en cualquier momento.

En Oaxaca existen cerca de 200 conflictos agrarios y muchos son considerados de alto riesgo. Estos problemas se encuentran distribuidos en diferentes regiones del estado. Durante mi estancia en la Junta de Conciliación Agraria nos tocó atender los conflictos entre Santa María Zaniza con San Mateo Yucutindoo, el de San Juan Mixtepec con Santo Domingo Yosoñama, el de San

Sebastián Nopalera con Zimatlán, y el de San Mateo Yucutindoo con Santiago Amoltepec.

Durante muchos años, los pueblos y comunidades de Oaxaca han contado con títulos primordiales que los acreditaban como legítimos dueños de sus tierras. Estos documentos, muchas veces antiguos, establecían claramente los límites de sus territorios. Sin embargo, con el paso del tiempo, el gobierno federal emitió resoluciones presidenciales que, en algunos casos, reconocieron límites distintos a los establecidos originalmente por las comunidades. Esta contradicción entre los títulos tradicionales y las resoluciones oficiales provocaron que las comunidades que históricamente habían ocupado ciertas tierras fueran desplazadas y así comenzaron las disputas territoriales.

A los pocos días de habernos incorporado al gabinete, ocurrió una balacera en Tlaxiaco que dejó varias personas retenidas y heridas. Ante la gravedad de los hechos, mi padrino, quien en ese momento era también mi jefe, decidió desplazarse personalmente hasta la comunidad y logró el diálogo entre los pueblos involucrados.

Otro conflicto que rápidamente llamó nuestra atención fue el de los Chimalapas, relacionado con los límites entre Oaxaca y Chiapas; el de El Jicaral, Coicoyán de las Flores, Oaxaca, y Jicayán de Tovar, Guerrero. Estos temas resultaron especialmente complicado por la violencia que se podía desatar entre los límites territoriales de los estados. Recuerdo que mi padrino se enfrentó a una situación muy difícil, ya que tuvo que actuar con rapidez. Organizó a los conciliadores y a los responsables territoriales para atender el conflicto de inmediato. Él tenía una gran habilidad para organizar, para conciliar y, sobre todo, para hablar con la gente. En medio de esa crisis, su capacidad para comunicarse y generar confianza fue trascendental.

Mi padrino tenía que estar informado acerca de todo lo que estaba ocurriendo en nuestra área de competencia, por eso elaboré un archivo con fichas que contenían los conflictos agrarios más relevantes del estado, las localidades afectadas, los nombres de los conciliadores y todos los datos necesarios para tratar cada asunto de manera particular. Registraba cada detalle, los enfrentamientos, las pugnas internas, los grupos enfrentados, las mesas de conciliación... Cada noche, al salir de la oficina, dejaba en mi computadora todos los archivos listos para que mi padrino a la mañana siguiente tuviera al día toda la información.

Desde la Junta promovíamos la conciliación y la búsqueda de acuerdos pacíficos a través de los diálogos. Nuestro objetivo era construir soluciones duraderas que permitieran a las comunidades recuperar la estabilidad y la certeza sobre sus territorios.

Por lo general, las comunidades no pedían recursos económicos, sino atención, seguimiento puntual y cumplimiento de acuerdos que ya habían sido establecidos en mesas de trabajo anteriores. En las mesas de diálogo se levantaban minutas, y se anotaban los compromisos y las propuestas para avanzar en la solución de los conflictos. Siempre pedían una base de seguridad que estuviera representada por policías de los gobiernos estatales y militares del gobierno federal y otras veces, lo único que pedían era algo que me parecía completamente razonable: un maestro para su escuela, un doctor o una enfermera para su clínica o centro de salud.

Yo veía con claridad que al atender temas como la educación y la salud se podía ir influyendo positivamente en las comunidades. Desde ahí, desde el conocimiento, desde la capacitación, se podía generar una transformación. Involucrar a maestros, a personal de salud y a funcionarios que estuvieran comprometidos con el territorio era una estrategia valiosa. La idea era que estas personas ayudaran a sensibilizar a las partes en conflicto, para que, eventualmente, se pudieran generar acuerdos reales y duraderos. A veces una comunidad podía estar dispuesta a ceder parte de sus demandas si a cambio recibía algo justo y necesario, como un servicio básico que históricamente les había sido negado.

La pacificación de las comunidades en conflicto no podía lograrse solo con discursos. Era necesario establecer procesos de conciliación estructurados, protocolos claros y espacios de diálogo constantes, pero también era importante trabajar a fondo en la formación para la paz y el desarrollo en un plan integral. Por eso surgió la idea de capacitar a los maestros, sobre todo en primarias, secundarias y telebachilleratos, para que pudieran contribuir con procesos educativos enfocados en el diálogo, la construcción de la paz y la prevención del odio para las nuevas generaciones.

La solución a estos conflictos no se puede lograr de un día para otro, menos aún cuando se trata de problemas que llevan 30, 40 o hasta 60 años sin resolverse, y que han dejado a su paso muertes, dolor, viudas, huérfanos y familias enteras sumidas en el abandono.

Resolver un conflicto de tantos años no es cuestión de buenas intenciones o de prisas políticas. No se puede decir simplemente "resuélvanlo ya", como si fuera un trámite. La justicia y la paz no pueden improvisarse. Se tienen que construir paso a paso, escuchando, cumpliendo compromisos, y trabajando con una visión a corto, mediano y largo plazos.

En ocasiones, las reuniones con el gobernador o con los funcionarios del gabinete se prolongaban hasta la madrugada. A veces tenía que acompañar a mi jefe a esas juntas para estar al tanto de los avances, planes, programas y complicaciones que se presentaban en materia civil, jurídica y de seguridad. Aunque era un trabajo muy demandante disfrutaba enormemente estar en el centro de las discusiones políticas y ver cómo se tomaban las decisiones y se llegaba a acuerdos. Todos los días aprendía algo nuevo, en especial de mi jefe. Era un hombre arriesgado y comprometido con la gente. Conocía mejor que nadie el tema de los conflictos agrarios en el estado. En una ocasión llegamos a la Junta después de una reunión en el

Palacio y encontramos a un grupo de hermanos indígenas parados en el recibidor. Les preguntó si ya los habían atendido, le respondieron que llevaban ahí algunas horas. Se enojó muchísimo, él mismo les ofreció agua y los hizo pasar a su oficina. Cuando terminó y ya que se habían ido las personas, muy agradecidas, nos llamó a todos los empleados y nos puso una regañiza de aquellas.

"No es posible que tengan a la gente esperando. ¿Quién es su conciliador? ¿Por qué no los atendieron? ¿Cuántas veces han ido ustedes a las comunidades y cuándo los han dejado sin un taco? Así como la gente los trata a ustedes en sus regiones, deben atenderla aquí. Gracias a ellos tenemos este trabajo. No pueden dejar a los ciudadanos abandonados, ellos se merecen un trato de primera. ¿Les quedó claro?".

Bastó con eso. Persona que llegaba, la pasábamos a la sala de espera para que por lo menos estuvieran sentados y con aire acondicionado. Él realizó un acuerdo con una asociación de productores de la zona cafetera de Oaxaca que nos enviaban un café delicioso y les dejábamos una cajita de galletas.

Para mi jefe, lo más importante era que los acuerdos a los que se llegaba en las mesas de negociación se cumplieran. Siempre insistía en que si los acuerdos no se cumplen no servía de nada el trabajo previo. "Si dimos nuestra palabra hay que cumplirla", decía, el problema era que los conciliadores no estaban acostumbrados a trabajar para solucionar, y los ingenieros técnicos postergaban los estudios técnicos hasta que vencía la fecha límite y se volvían a reprogramar, pero cuando llegó él esa dinámica cambió. Esa falta de compromiso lo desesperaba porque consideraba que no era justo para las comunidades que su bienestar no fuera una prioridad para las dependencias.

Siempre admiré a mi padrino porque fue un hombre de palabra y honesto; cuando veía que no había voluntad del gobierno para solucionar los problemas de las comunidades, les decía directamente que buscaran otro tipo de presión para que les hicieran caso, es decir, les recomendaba que se movilizaran para que los escucharan. Nunca se quedó con los brazos cruzados y toda su vida estuvo del lado de la gente. No sé cómo le hacía, pero encontraba los medios y agotaba todas las instancias sin darse por vencido. Si en la Secretaría General de Gobierno no le hacían caso, se iba a la Secretaría de Seguridad Pública, y si tampoco, recurría a organizaciones sociales, civiles o de Derechos Humanos. Con frecuencia me decía que para ser un representante del pueblo lo principal era tener calidad humana.

En la Junta de Conciliación Agraria implementamos un programa que establecía los pasos necesarios para llevar a cabo una conciliación. Esto fue fundamental porque permitió organizar y agilizar la resolución de muchos conflictos relacionados con la tierra. Antes, cada dependencia trabajaba por su cuenta y eso hacía que los procesos fueran muy lentos y complicados. Si alguien tenía un problema agrario, había que ir a varias oficinas, enviar oficios por separado y esperar respuestas que a veces no llegaban.

Mi padrino insistió en crear una mesa agraria interinstitucional, donde todas las instituciones involucradas —como el Registro Agrario Nacional, la Junta de Conciliación Agraria, la Secretaría de Gobierno, la Procuraduría Agraria y otras— se sentaban juntas para revisar cada caso. Eso cambió todo. En lugar de que cada uno viera una parte del problema, todos analizaban el conflicto completo y tomaban decisiones coordinadas. La mesa agraria interinstitucional reunía a los representantes del gobierno federal, del estado, de los municipios e incluso de las fuerzas de seguridad. Esta coordinación permitía dar seguimiento real a los acuerdos y garantizar la presencia institucional en los territorios en conflicto.

Muchas comunidades solo pedían que no hubiera más violencia, que no empezaran las balaceras, que no los atacaran. En estos conflictos tan largos no puede haber ganadores ni perdedores.

Todos deben ceder para que las nuevas generaciones tengan otro modo de vida en sus comunidades.

Como parte de mi trabajo en la Junta, también me tocó coordinar con conciliadores que trabajaban en las distintas regiones del estado, muchos de los cuales estaban desmotivados porque venían de una administración anterior donde no se les exigía mayor compromiso. Muchos llevaban años sin visitar sus comunidades y solo enviaban reportes superficiales. Eso cambió. Hubo un enfoque totalmente distinto: se empezó a trabajar directamente con las comunidades, se asistía personalmente a los territorios y se exigía presencia real. A los conciliadores, que antes estaban centralizados, los enviamos a sus regiones: la Cuenca, la Costa, el Istmo, la Mixteca... Cada conciliador conocía su zona y podía actuar con más rapidez. Yo me encargaba de dar seguimiento a toda la información que ellos proporcionaban en un sistema digital agrario, que también creó mi padrino, donde teníamos información al momento, que servía de prevención para informar a la Secretaría General de Gobierno o a Gubernatura sobre temas que pudieran desatarse si no se atendían.

Esa estructura hizo posible que los conflictos agrarios empezaran a atenderse con más orden, con más cercanía a la gente y, sobre todo, con voluntad de servir. Porque si algo aprendí, es que cuando realmente quieres ayudar al pueblo, buscas cómo hacerlo posible.

Mi trabajo en la Junta me permitió establecer buenas relaciones con varios actores políticos y servidores públicos. Tuve trato directo con los secretarios particulares de muchos funcionarios, eso fortaleció mi presencia en el ámbito político. Lo mejor de esta etapa de mi vida fue colaborar directamente con mi padrino, Carlos Moreno, quien fue mi maestro en el servicio público.

Nuestro trabajo era intenso, constante y muchas veces cargado de presión. Mi jefe era una persona muy comprometida, pero también enfrentaba grandes exigencias. No la tenía fácil, sobre todo cuando se realizaban las reuniones con el gobernador en el gabinete ampliado. En esos espacios, los conflictos agrarios no eran solo un tema administrativo: se hablaba de focos rojos, de personas muertas, de violencia, y eso generaba cuestionamientos directos del gobernador hacia quienes estaban al frente.

En esas reuniones, mi jefe tenía que explicar con claridad lo que realmente estaba ocurriendo. Mostraba las minutas firmadas por otras dependencias, y señalaba quiénes se habían comprometido a qué. Decía, por ejemplo: "Aquí está lo que firmó la Secretaría de Seguridad Pública, aquí está a lo que se comprometió la Secretaría General de Gobierno, aquí está el compromiso del gobierno federal". Lo hacía con documentos en mano, fechas claras, nombres y acuerdos específicos. Respondía con hechos, con orden y con pruebas.

Esa manera de enfrentar las cosas le ganó respeto. Señalaba con precisión cuántas reuniones se habían realizado y cuántas veces se habían incumplido los compromisos por parte de otras áreas.

Primero es la familia

Mi jefe se preocupaba genuinamente por nuestra familia. Tenía muy claro que nuestros hijos eran prioridad, y cuando alguna de nosotras tenía una emergencia familiar, especialmente con los hijos, nos dejaba salir sin más. Esa sororidad, que a veces una espera de otras mujeres, él la practicaba sin titubeos. Si yo le decía que tenía una reunión escolar con mi hija, que necesitaba ir a verla, me decía: "Vete, vete ya, yo me encargo de lo demás". Entonces salía corriendo, asistía a lo de mis hijas y después regresaba a la oficina a seguir trabajando.

Mi nuevo trabajo implicó también un cambio en nuestra dinámica familiar. Por primera vez en la vida me separé de mis hijas. Nahomi cursaba el cuarto año de primaria e Itai estaba dos cursos atrás. Mi esposo, Ernesto, se desempeñaba como secretario particular de Salomón Jara. Nuestra nueva vida laboral nos demandaba mucho tiempo, así que nos vimos en la necesidad de contratar a una persona para que cuidara a nuestras hijas, ahora que nuestra economía nos lo permitía. No fue fácil encontrar a la persona adecuada. Las niñas no se sentían a gusto con nadie, no les gustaba la comida que hacían, la manera en que las trataban, se quejaban por todo, era una manera de demostrar su rebeldía.

Afortunadamente llegó Dora, una mujer maravillosa, con la cual estoy muy agradecida. Naho e Itai congeniaron muy bien con ella y yo me quedaba tranquila de saber que mis hijas estaban bien atendidas. Yo creía que mi familia avanzaba por buen camino y mi vida profesional también.

Supuestamente mi jornada laboral terminaba a las seis de la tarde, pero casi siempre salía después de las siete u ocho, y cuando eran reuniones con altos mandos, aún más tarde. Estaba ahí siempre que me requería mi jefe. Conciliar mi trabajo con mi papel como mamá y esposa no fue tan fácil. Durante los primeros años de vida de mis hijas, yo había sido ama de casa de tiempo completo. Estuve con ellas desde que nacieron, y se acostumbraron a tenerme cerca. A esto se sumó la falta de apoyo por parte de mi esposo. Mientras yo estaba al este de la ciudad, él trabajaba al sur. Teníamos horarios diferentes y casi nunca coincidíamos en la casa.

La carga del cuidado de las niñas terminó recayendo completamente en mí. Todo el día tenía la sensación de estar dividiendo mi corazón y mi energía en dos mundos que no siempre eran compatibles. Me empecé a sentir sola. Corría todo el tiempo para estar con las niñas y me hubiera gustado que él hiciera lo mismo. Esa desigualdad me dolía porque yo creo que la crianza es una responsabilidad compartida.

Esos años, aunque fueron duros, me dejaron aprendizajes profundos que sin saberlo me servían para enfrentar los retos que la vida me deparaba y que estaban más cerca de lo que me podía imaginar.

Capítulo 12

SEGUNDO ATENTADO

El 21 de agosto de 2015 mi papá sufrió un segundo atentado contra su vida.

El MULT había convocado una marcha para solicitar al gobierno del estado la construcción de una escuela de nivel superior en Copala. Antes de organizar el contingente, algunos miembros del movimiento se reunieron para desayunar en la Casa del Estudiante, donde vivía mi papá y otros compañeros. Mi amiga Emelia también vivía ahí. Estaban preparando caldo de pollo y se le había olvidado el cilantro, así que fue al mercado Sánchez Pascuas que está muy cerca de la casa y del centro de Oaxaca. Mi papá salió a alcanzarla porque quería aprovechar y comprar el periódico. Antes de llegar a la primera esquina escuchó que alguien lo llamaba por su nombre, pero no le dio tiempo de voltear, sintió el frío de un arma en su sien y escuchó la detonación. En seguida notó su cuerpo débil y se cayó al suelo. Los vecinos solicitaron una ambulancia. Minutos después Emelia regresó, creyó que había tenido un mareo y se metió a buscar alcohol, cuando regresó lo vio sobre un charco de sangre y quejándose de un dolor en el pie.

Emelia se fue con él en la ambulancia de la Cruz Roja. Me llamó a mi trabajo en la Junta de Conciliación Agraria. "Tranquila, Bety, tranquila, a tu papá lo balearon, pero ya estamos en una clínica privada ubicada en la colonia Reforma", me explicó, lo más calmada que pudo. Le dije a mi padrino, Carlos Moreno, lo que había pasado y me fui a la dirección que me había dado mi amiga.

Cuando ingresé al hospital, la policía ya estaba ahí. Al poco rato llegaron mis compañeros del MULT, luego personal de seguridad y de la Fiscalía. El secretario general del estado de Oaxaca fue el primero en hablarme por teléfono. Quería saber si estaba con mi papá y cuál era la situación. Le expliqué que lo estaban operando. Me aseguró que el subsecretario se dirigía al sitio y que estaría disponible para lo que hiciera falta. También se comunicó el secretario de Seguridad para preguntar por mí y por el estado de salud de mi papá. Prometió estar pendiente. Las llamadas no paraban.

Me preocupaba mucho mi mamá. No sabía cómo manejar la situación con ella, no encontraba la forma de decirle lo que estaba pasando. Tenía miedo de alterarla, porque es diabética y cualquier impresión fuerte podía poner en riesgo su salud. Le marqué y me preguntó: "¿Qué pasó, hija? ¿Ya te enteraste?". Yo intenté mantener la calma y respondí: "¿De qué, mamá?". Entonces me dijo que había escuchado que algo le había pasado a mi papá. Le expliqué brevemente lo que había ocurrido y que todo estaba bajo control. Entonces me comentó que ya venía en camino.

Ese día fue muy pesado. Mi papá salió de la operación, pero solo pudieron intervenirle la pierna. Los médicos me explicaron que una de las balas había entrado por el maxilar derecho y se había alojado en el cráneo. Tenían que esperar a que la inflamación bajara para valorar si era candidato a una cirugía, de otra forma podía quedar en estado vegetativo. Cuando por fin vi a mi papá, estaba completamente hinchado. Los médicos me comentaron que los próximos tres días serían determinantes para saber si lograría salir del estado crítico en el que se encontraba.

Afuera ya estaban presentes los funcionarios de la Secretaría General de Gobierno, de Seguridad, de la Sedena, integrantes del MULT y los medios de comunicación. Me pidieron salir a dar una declaración, pero yo no podía. Entonces hablé con la dirigencia y les pedí que me orientaran, que dijeran ellos qué debía comunicar, porque yo no podía pensar con claridad. En la conferencia informé que mi papá estaba en estado crítico. La Secretaría General explicó que ya se había implementado un operativo de seguridad, que la zona estaba acordonada y vigilada las 24 horas. Solo la familia podía ingresar al área donde se encontraba hospitalizado. Ni siquiera los compañeros de la organización podían entrar.

Cuando los medios se retiraron, comenzaron a llegar más personas de la organización: compañeras, hombres y mujeres triquis. La calle se llenó. Luego llegó mi mamá. Ella no sabía qué decir. Al subir y ver a mi papá, empezó a hablar con quienes ya estaban ahí. Hasta ese momento no me había querido despegar de él. Ya con mi mamá presente, pude empezar a atender a los funcionarios. Me comunicaron que, por instrucción directa del gobernador, los gastos médicos los asumiría el gobierno del estado.

Al siguiente día, mi papá abrió los ojos e intentó hablar. No le entendíamos nada. Decía cosas incoherentes. Al principio nos asustamos, pero el doctor nos explicó que era normal porque el cerebro se estaba desinflamando y que tenía que estar tranquilo y sereno. Él intentaba preguntarnos algo, pero no comprendíamos lo que decía. Tres días después del disparo, llegué a la clínica a saludarlo, me acerqué a él y dijo mi nombre, ya hablaba bien. Le hicieron más estudios y lo diagnosticaron con diabetes. Nos explicaron que fue derivado del estrés del disparo. Ahora ya teníamos dos problemas: su cerebro y la diabetes. El especialista que lo atendía sugirió practicarle una resonancia y quedó sorprendido cuando encontró la bala alojada en el hueso, en el cráneo. No se explicaba por qué no explotó, ni cómo se quedó ahí. Nos informó que no era necesaria la cirugía, que podía vivir así. Fuimos con otro médico para solicitar una segunda opinión y coincidió. Al mes lo dieron de alta y regresó a su vida normal. Antes de acostarse ese día me dijo: "Si estoy aquí es porque tengo que hacer algo más por mi pueblo, es momento de buscar la paz, hay que seguir luchando para construir la paz. Hay mucho que perdonar".

Yo pensé que a sus 63 años mi papá ya no significaba un peligro para nadie, pero este atentado me demostró qué tan equivocada estaba. El MULT presionó a la fiscalía de seguridad pública para que encontraran al responsable. Organizaron dos marchas para pedir justicia, yo me uní a esa demanda como víctima.

Para mi buena suerte, el fiscal que llevó el caso de mi papá era mi amigo, un compañero de la facultad que había estudiado en un internado marista. Nos llevábamos bien porque estuvimos juntos en los movimientos de apoyo al EZLN. Me contó que el atentado contra mi papá fue orquestado desde los Estados Unidos por parte del Movimiento de Unificación y Lucha Triqui Independiente (MULTI), una organización que se formó en 2006 tras una ruptura interna con el MULT, por diferencias políticas e ideológicas. Según me explicó, el financiamiento para el ataque provino de triquis radicados en Estados Unidos, pero que la planeación se organizó desde la cárcel de Ixcotel, en Oaxaca. Me contó también que, según sus investigaciones, el responsable estaba preso, pero que no sabían cómo, pero lo dejaron salir para que matara a mi papá y que días después del disparo fue reingresado a la cárcel de donde había salido. Ya se sabía quién era, y él mismo confesó el origen del atentado. Dijo que la orden vino desde Copala y que participaron personas de la región. Lo más grave fue que todo se coordinó desde el interior del penal, con apoyo externo.

Más tarde, los medios confirmaron la detención del presunto responsable. La Procuraduría General de Justicia del Estado de Oaxaca informó que se ejecutó una orden de aprehensión contra Gerardo Pérez Camacho, alias "el Calamar", por tentativa de homicidio. Lo detuvieron en la ciudad de Oaxaca y lo trasladaron al penal de Miahuatlán de Porfirio Díaz, donde quedó a disposición del juez. Las autoridades también señalaron que la investigación seguía abierta por la posible participación de una segunda persona, tanto en la parte material como en la intelectual.

Gerardo Pérez Camacho fue identificado como expresidente de la Mesa Directiva de Internos de la Penitenciaría de Santa María Ixcotel. Había salido del penal en junio, con antecedentes por robo con violencia y delitos contra la salud. Todo lo que sé sobre el caso fue lo que me compartió mi amigo.

Justicia

Cuando lo dieron de alta, mi papá regresó a vivir a la Casa del Estudiante, donde instalaron una caseta de vigilancia. Además, la Comisión Estatal de Derechos Humanos le otorgó medidas cautelares, al reconocerlo formalmente como fundador del Movimiento de Unificación y Lucha Triqui.

Después del atentado contra mi papá, retomé mi participación en el MULT. Restablecí comunicación con la dirigencia y con los líderes de la región, y comencé nuevamente a asistir a las reuniones. Mi padrino, Carlos Moreno Derbez, me decía que ayudara a mi pueblo. Me recordaba que no solo habían sido víctimas del despojo de sus tierras por parte de sus propios vecinos, sino también de una estrategia para dividirlos. "Tanto odio les tenían, tanta ambición por sus tierras, que los cercenaron", me decía. Administrativamente, muchas comunidades triquis de Copala quedaron fragmentadas.

Según él, esto no fue casualidad. "No los quisieron ver juntos porque les tienen miedo. Saben que si ustedes se organizan, van a romper con todo eso. Y ellos no quieren perder los privilegios que ahora tienen: el control de las tierras, los productos, los apoyos. Eso que ustedes siempre defendieron, y que ellos nunca tuvieron".

Entendí que de una u otra manera mi mundo siempre iba a estar ligado a mi pueblo. Los conflictos en Copala no se han solucionado por completo, especialmente en lo que respecta al derecho a la tierra. No hay un reconocimiento formal sobre la proporción de tierra que poseen.

En cierta ocasión, los dirigentes del MULT se acercaron a la Junta de Conciliación Agraria, porque en la parte sur del territorio triqui que colinda con Guerrero había surgido un problema. Muchos años atrás los triquis habían permitido que un grupo de guerrerenses usaran unas tierras para sembrar, en un gesto de buena fe. Sin embargo, con el tiempo, estas personas comenzaron a establecerse de manera permanente. Algunos hombres de esta comunidad de Guerrero se casaron con mujeres triquis, y hombres triquis se casaron con mujeres mixtecas de Guerrero.

Por eso empezaron a habitar esa parte de la región triqui. Algunos de ellos, buscando certeza sobre esa tierra que han poseído por años, acudieron a la autoridad agraria y comenzaron a gestionar el reconocimiento legal de esas tierras como propias, argumentando la posesión prolongada. Se les olvidó que les fueron prestadas por los triquis para que pudieran trabajar y salir adelante, no para apropiárselas. Así fue como comenzó el conflicto. El gran problema, desde mi perspectiva, es que estas personas están asentadas en un territorio donde históricamente han vivido comunidades triquis, y saben que si los triquis se organizan, pueden exigir su desalojo, incluso si ya conforman una comunidad numerosa, porque no se puede contradecir un acuerdo interno sin que se malinterprete.

La situación en Copala era complicada de por sí y ahora aparecía este nuevo foco de tensión. Los compañeros de Copala solicitaron a la Junta de Conciliación Agraria la intervención del gobierno del estado. Mi padrino decidió escalar el asunto y llevarlo a la Mesa de Conciliación Agraria Federal. En ese espacio, el conflicto se abordó con mayor formalidad, al grado de frenar la actuación del magistrado, ya que el caso ya había sido llevado hasta el tribunal. Si se permitía que se realizara una medición del terreno, se corría el riesgo de formalizar legalmente la carpeta agraria a favor del grupo que había iniciado el proceso.

Esa posibilidad generó preocupación, especialmente porque existía el temor de que las comunidades triquis no reaccionaran de forma pacífica, dado el contexto actual de conflicto armado en la región. Aunque el acuerdo original con los vecinos de Guerrero se hizo de manera interna, confiada y con buena voluntad, quienes impulsaron el trámite legal lo hicieron aprovechándose de esa confianza, con la intención de obtener el reconocimiento formal de esas tierras como propias. Esa intención, aunque cuestionable, también es comprensible, porque esas personas llevaban muchos años en ese territorio.

Partido Unidad Popular

Mientras se llevaba a cabo esta negociación, el líder del MULT, Rufino Merino, me buscó y me comentó que había que apoyar al pueblo, que era momento de participar. Él siempre fue muy serio, muy tajante. Yo le respondí que, por supuesto, podían contar conmigo, que yo estaba en la Junta para servir, pensé que a eso se refería su solicitud, que solo querían mi colaboración desde la institución. Pero la dirigencia del MULT ya venía explorando una nueva etapa de participación política.

En el pasado lo había hecho a través del Partido Unidad Popular, una organización política que fue fundada con el respaldo directo del MULT. Este partido fue una apuesta fuerte que hicimos desde nuestras comunidades. Surgió cuando alrededor de 10 000 indígenas triquis, mixtecos y zapotecos —entre otros compañeros de lucha— decidimos organizarnos para participar en las elecciones de 2004. En ese momento también se sumaron liderazgos de la COCEI, de la Nueva Izquierda de Oaxaca (Nioax), del Frente Indígena Oaxaqueño Binacional (FIOB), e incluso algunos antiguos cuadros del PRD. Fue un esfuerzo colectivo muy amplio. Al principio nos negaron el registro, pero gracias a una resolución del Tribunal Electoral del Estado de Oaxaca, el 10 de noviembre de 2003 logramos formalizarlo como partido con registro local.

Ese triunfo fue importante para nosotros porque nos costó mucho trabajo. Ya con el registro, decidimos ir solos en las elecciones de 2004. Pero las cosas no salieron como esperábamos. El resultado fue muy bajo y eso generó una gran controversia, porque hubo quien dijo que nuestra participación dividió el voto de la izquierda y que eso facilitó el triunfo de Ulises Ruiz. Fue un golpe duro para la organización.

En las elecciones estatales de 2022, por ejemplo, se sumó a la coalición que apoyó a Salomón Jara. Aunque solamente obtuvo el 2.8% de los votos —menos del 3% requerido a nivel federal—. Sin embargo, logró conservar su registro gracias a otra resolución del Tribunal Electoral local. A pesar de los altibajos, Unidad Popular sigue siendo una parte de nuestra historia política como organización. Fue a través de ese partido que muchos de nosotros obtuvimos nuestras primeras credenciales políticas; yo misma participé en su construcción y lo respaldé activamente.

A nivel nacional, Andrés Manuel López Obrador decidió separarse del PRD debido a desacuerdos profundos con la dirigencia y con el rumbo que estaba tomando el partido. Consideraba que el partido había dejado de representar las verdaderas causas del pueblo, acercándose cada vez más a las élites políticas y económicas del país. Uno de los puntos de quiebre fue la alianza electoral del PRD con partidos como el PAN, lo cual —desde su perspectiva— contradecía los principios de lucha social y justicia que habían dado origen al movimiento. El distanciamiento se agravó tras las elecciones presidenciales de 2012. López Obrador fue nuevamente candidato, pero, según los resultados oficiales, perdió frente a Enrique Peña Nieto. López Obrador denunció fraude electoral y promovió un movimiento de resistencia, pero el PRD no respaldó su postura ni se sumó plenamente a la defensa del voto. Esa falta de apoyo marcó la ruptura definitiva.

En septiembre de ese año, AMLO anunció su salida del PRD y comenzó a organizar lo que después sería el Movimiento de Regeneración Nacional o Morena, que al principio era un movimiento social que tenía un gran apoyo de gente de toda la República, su lema era "La esperanza de México", porque así lo veían, como algo nuevo, algo distinto.

Andrés Manuel pensó en Oaxaca para despegar su movimiento. Para obtener el registro oficial como partido político nacional, Morena debía cumplir con dos requisitos legales establecidos por el Instituto Nacional Electoral (INE), reunir el 0.26% del padrón electoral, es decir, al menos 220 000 afiliados con credencial de elector, y celebrar al menos 20 asambleas estatales fundacionales, con un mínimo de 3 000 personas acreditadas en cada una.

Este proceso comenzó en septiembre de 2013 y culminó en enero de 2014. Se superaron todas las expectativas, ya que se realizaron 30 asambleas con más de 3 000 asistentes cada una, en diferentes entidades del país. El Partido Unidad Popular, al que pertenecía el MULT, empezó a tener conversaciones con Morena y se acordó que ayudaría a realizar una de las asambleas estatales que Morena necesitaba para constituirse formalmente como partido ante el INE. Unidad Popular se comprometió a movilizar a más de 5000 afiliados para garantizar que la asamblea de Oaxaca fuera un éxito.

El 28 de noviembre de 2013, en el auditorio del Cerro del Fortín se llevó a cabo la primera asamblea estatal constitutiva para aprobar los estatutos, principios y programa de acción de Morena ya como partido político formal. En esa ocasión, López Obrador reconoció el especial aprecio que tenía por la entidad, explicó que la consideraba su segunda casa y destacó la participación de los oaxaqueños en la transformación democrática del país y su lucha por los derechos democráticos, especialmente después de años de dominio priista.

La creación de Morena en Oaxaca simbolizó el inicio de un proyecto de nación que buscaba ofrecer al pueblo la transformación de la vida pública en México. Unidad Popular movilizó a toda esa gente y, con la colaboración de la CNTE y otras organizaciones, llenaron el auditorio, fue así como cumplieron ese acuerdo, y gracias a esa participación, Morena pudo cumplir con el requisito del INE y avanzar en su proceso de registro como partido.

El 26 de enero de 2014 Morena llevó a cabo su Asamblea Nacional Constitutiva y formalizó su solicitud de registro ante el INE. El 1º de abril de ese año el Instituto conformó una comisión evaluadora presidida por María Marván y compuesta también por los consejeros Marco Antonio Baños Martínez y Lorenzo Córdova Vianello, quienes tuvieron la responsabilidad de verificar el cumplimiento de los requisitos.

Finalmente, el 9 de julio de 2014, el Consejo General del Instituto Nacional Electoral (INE) —que sustituyó al IFE— aprobó por unanimidad el registro de Morena como partido político nacional. Durante ese proceso, los dirigentes del MULT mantuvieron una interlocución directa con Andrés Manuel, y lograron negociar espacios políticos para su organización. Fue en ese contexto que en Oaxaca se designó a Salomón Jara como el enlace o vocero con Morena. Al MULT le ofrecieron un espacio político en Morena, pero especificaron que debía ser mujer.

Desde el atentado a mi papá, mi presencia había tomado mayor fuerza y los líderes me buscaron para ofrecerme ese espacio en respuesta a la lucha de mi papá, pero yo desde el primer momento fui muy clara, les dije que no tenía interés.

Capítulo 13

SE GANA O SE PIERDE

Nunca fue mi prioridad hacer una carrera política.

Desde muy joven entendí que en nuestro país los partidos deciden el destino de todos a través de negociaciones entre las dirigencias. Por eso no tenía intención de participar. Me gustaba más el activismo. Pero en el MULT se estaba apostando por una nueva vía para solucionar el conflicto en nuestro pueblo, apoyando a Morena y trabajando juntos.

En ese momento me sentía satisfecha y contenta con mi vida laboral. Me estaba desarrollando profesionalmente. Me apasionaba el trabajo que hacíamos en la Junta de Conciliación Agraria, porque podía ayudar a mi pueblo a través de la conciliación, el diálogo y los acuerdos. Además, mis hijas eran pequeñas, y si de por sí convivía poco con ellas, no quería ni pensar si aceptaba su propuesta.

Como no podían convencerme, recurrieron a mi papá y a Ernesto. Mi padre, que es un hombre muy sabio, me explicó: "Tú dices que quieres ayudar al pueblo, pues esta puede ser la oportunidad que estás buscando. Los triquis de Copala te necesitan hoy más que nunca. Tú puedes ser esa voz que nos ayude a que nos escuchen. Nunca nadie de nuestra comunidad había tenido esa posibilidad que te están ofreciendo".

Mi esposo fue muy claro conmigo. Me dijo que Morena tenía muy pocas probabilidades de ganar en el estado, porque el PRI estaba muy bien posicionado en Oaxaca, pero que esta campaña podía ser la semillita que iba a sembrar para que ocurriera un cambio.

También lo consulté con mi padrino. Le conté que mis compañeros me estaban buscando, que necesitaban a alguien de confianza, pero que yo no estaba segura. Y él me dijo: "Mira, Bety, tal vez voy a sonar muy soñador, pero a veces las oportunidades llegan así, de algo que parece que no tiene futuro ni esperanza. Pero tal vez sí sea una oportunidad para ti, para tu formación, para tu lucha, que no empezó ahorita, sino desde hace muchos años. A lo mejor es el momento de definir lo que tú quieres. Tal vez, por fin, una mujer triqui pueda alzar la voz por su gente. No a través de la organización, donde no han logrado que se les reconozca. Tú podrías ser un canal para la reconciliación. No quiere decir que vas a estar al frente, pero sí podrías ser ese vínculo que permita que la voz de los triquis se escuche a nivel nacional. ¿No es eso lo que quieres? Al principio harás sacrificios, porque todos los que entren ahorita van a entrar a un matadero. Te vas a topar con un PRI que, aunque ya no es tan fuerte, tiene bien armados sus equipos, sobre todo en tu distrito". Me explicó que si aceptaba la propuesta de Morena tendría que renunciar a la Junta, porque por ley no se puede hacer campaña mientras se es servidor público.

Tu pueblo no es el único que sufre

A los cuantos días de que hablé con mi padrino me entrevisté con los dirigentes del MULT. Fui muy clara con ellos. Les expliqué que no sabía nada del tema electoral y que no tenía dinero. "Si ustedes están conscientes de esto, adelante. Yo me comprometo a trabajar y a hacer un papel digno. A dar la cara por la organización y a cumplir con Morena".

Primero me reuní con la base de Morena en Oaxaca. Me explicaron que yo sería candidata a diputada federal por el distrito electoral de Tlaxiaco, me pidieron que escogiera a una suplente y elegí a mi amiga Emelia Ortiz García. Las elecciones intermedias de 2015 eran muy importantes para Morena, ya que por primera vez participaba como partido político con registro propio. En esta jornada, la ciudadanía elegiría a 500 diputados federales: 300 votados directamente por mayoría en cada uno de los distritos del país, y los otros 200 serían asignados según el número de votos que recibiera cada partido a través del sistema de representación proporcional.

Además, en estas elecciones se implementarían varios cambios derivados de la reforma electoral de 2014. Por primera vez se permitía la participación de candidatos independientes, y en 17 estados los ciudadanos iban a votar simultáneamente por cargos federales y locales.

Uno de los primeros eventos que recuerdo de esas elecciones fue cuando nos reunimos todos los candidatos en la Ciudad de México para nuestro registro. Nos recibió Francisco Luciano Concheiro, quien era el presidente de la Comisión Nacional de Elecciones. La primera sorpresa que me llevé fue que éramos tres candidatas para el mismo distrito que me habían asignado. Una era la profesora Hita Beatriz Ortiz Silva, quien rechazó la candidatura porque prefería sumarse en 2018, y la otra candidata, a quien había propuesto Salomón Jara, era una doctora que pertenecía a otra organización de la mixteca. Concheiro consultó a Yeidckol Polevnsky, la secretaria general de Morena, y ella decidió dejarme la candidatura.

Luego me integré a las actividades de Morena y a las reuniones de organización electoral donde terminamos de organizar nuestros equipos de trabajo y a planear la manera en que se llevarían a cabo las campañas. Después de comer, el presidente del partido, Andrés Manuel López Obrador, se acercó a mi mesa y me dio las gracias por aceptar la candidatura. Aproveché para dejar las cosas claras con él. Le confesé que había renunciado a mi trabajo para ayudar a mi organización, el MULT, porque siempre he estado con ellos. Le expliqué que no conocía al cien por ciento el proyecto de Morena, pero que nosotros siempre lo habíamos apoyado, desde sus primeras movilizaciones. Me respondió:

—¿Tú crees que tu pueblo es el único que está sufriendo? Te voy a encargar un favor, quiero que recorras los 74 municipios de tu distrito electoral para que te des cuenta de la realidad, para que veas los problemas de los demás. Compañera, si tú vienes de la lucha entenderás que la lucha vale la pena cuando lo haces no nada más por tu pueblo, sino por todos. Imagínate, ahora nuestra lucha es por todo el país…

—Pues vamos a entrarle, lo único que no pueden decir de mí es que soy rajona. Si le entro es para hacerlo bien —le dije.

Morena envió a César Cravioto como delegado especial en Oaxaca. Su tarea era organizar toda la elección en el estado, y desde ahí comenzamos a trabajar juntos. Me asignaron el distrito 6. Junto con los demás candidatos empezamos a organizar toda la campaña. Salomón, que conocía muy bien el estado, también estuvo involucrado, pero el responsable directo era César. A él teníamos que entregarle reportes: avances, estructuras, personal y cada detalle de la campaña. En Oaxaca hay 10 distritos federales electorales. Nos reunieron a todos los candidatos en la ciudad de Oaxaca y ahí nos explicaron que cada uno tenía que cumplir con la estructura electoral y otra estructura del llamado al voto. Aparte de eso, yo tenía que armar otro equipo para salir a recorrer el distrito, hacer campaña, repartir lonas y materiales y formar brigadas.

Mi distrito en ese entonces estaba compuesto por 74 municipios. Tenía cuatro meses para recorrerlos todos. En cada municipio tenía que dejar una brigada activa, entregar lonas, materiales, y además explicar el proyecto del partido. Todo eso era mi responsabilidad directa.

Desde el inicio, Andrés Manuel López Obrador nos dejó muy claro que no debíamos hacer promesas locales para ganar votos. Nos dijo: "No hay un proyecto para un distrito federal electoral. No hagan promesas que no van a cumplir. El proyecto es nacional, para transformar todo el país, no para beneficiar a un municipio o grupo". Nos insistía en que no prometiéramos carreteras, obras específicas o leyes para ciertos sectores. "Las leyes son para todo el país, no para un sindicato o un grupo en particular", nos decía.

Casi todos los candidatos carecíamos de experiencia y tuvimos que aprender sobre la marcha. Morena no nos proporcionó recursos económicos para las campañas, por eso decidí hablar con los dirigentes del movimiento y con los líderes naturales de los pueblos. Por tradición, no se permitían mujeres en esas reuniones, pero por primera vez nos dejaron a Emelia y a mí participar. Estaba realmente preocupada y presionada. Les expliqué que Morena quería que recorriera los municipios para formar estructura en las casillas electorales y coordinar los grupos de apoyo a nivel distrito. El objetivo era que en cada casilla electoral hubiera alguien de Morena, y si no completábamos esas casillas, nos las teníamos que repartir entre nosotros.

La organización convocó a una asamblea, donde asistieron las autoridades de cada comunidad. Me pidieron que diera la información, les dije que necesitábamos la participación de todas las comunidades con compañeros y compañeras, dividimos el territorio en tres distritos electorales locales que correspondían al federal y le asignaron ciertos números de municipios a cada agente municipal. Una sección se fue a Huajuapan, otra a Putla y una más a Tlaxiaco. Cada comunidad tenía que presentar su informe a los líderes de la zona. Las comunidades se hicieron cargo de sus gastos, alimentos, gasolina, transporte y cierto número de brigadistas, porque Morena solamente nos daba propaganda.

La campaña inició en Tlaxiaco, la cabecera distrital. Estaba muy nerviosa porque era la primera vez que hablaría frente a tanta gente y frente a AMLO. Mi esposo, que es un soñador y conoce mucho de política, me ayudó a escribir un mensaje que expresaba lo que sentía en ese momento. Me lo aprendí casi de memoria. No podía dejar mal a mi pueblo, a mi sangre. Había aceptado esa responsabilidad y estaba lista para hacer lo que fuera necesario para dejar en alto el nombre de mi comunidad. Mi obligación era mostrarme como una mujer fuerte. Andrés Manuel me presentó, salí al escenario con el carácter que me habían enseñado mi madre y mi abuela. Dije que había llegado el momento de luchar todos juntos, que si no lo hacíamos ahora, no íbamos a tener otra oportunidad. Que ya era tiempo de hacer una verdadera política a favor de los pueblos.

Cuando terminé, Andrés Manuel me levantó la mano y me abrazó. Por primera vez estaban viendo a una mujer triqui parada ahí, frente a todos, compitiendo para ser diputada. Para mí eso fue muy representativo.

En Tlaxiaco renté un cuarto y lo acondicioné como oficina. También sirvió para que pudiéramos descansar, con espacios separados para hombres y mujeres. Dormíamos en colchonetas, porque no teníamos otra opción. En Huajuapan nos quedábamos en la casa de mi mamá y algunos amigos nos daban hospedaje. Yo me encargaba de la comida.

Mi equipo de campaña estaba conformado principalmente por hombres y mujeres triquis, muchos jóvenes y algunos profesores de primaria y secundaria. Pusieron sus camionetas para ir a las comunidades a entregar la propaganda. Andábamos casa por casa invitándolos a votar por Morena. Nos pusimos la camiseta.

Algunos de mis compañeros no hablaban bien el español. Los más jóvenes eran muy penosos, venían de comunidades donde no estaban acostumbrados a hablar en público, y a veces se burlaban de ellos, aunque eso nos desanimaba y sí nos daba el bajón, nos levantábamos el ánimo y seguimos sin rajarnos, tal vez sea la sangre triqui que no nos permitía darnos por vencidos.

Teníamos la esperanza de que Morena en algún momento le haría justicia histórica al pueblo triqui. Durante muchos años, nuestros enemigos, secundados por algunos medios de comunicación, fabricaron una pésima imagen de los triquis. Decían que éramos violentos y agresivos, que andábamos armados, que no sabíamos hablar español. Algunos vecinos nunca habían visto a un triqui y menos hablado con uno. Nos discriminaban o nos tenían miedo. Esta campaña también fue una plataforma para que en otras comunidades nos conocieran como éramos de verdad, indígenas como ellos, explotados, empobrecidos y buscando justicia.

Durante esos recorridos tuve que lidiar con las prácticas y dinámicas de políticos que venían del PRD y tenían una forma trabajo diferente a lo que se estaba proponiendo. En muchas comunidades encontramos un gran apoyo a Morena y a López Obrador y en otras no querían saber nada de él. La gente estaba descontenta con la política. Estaban hartos de la corrupción y la militarización que estaban viviendo en varias zonas. Muchos perredistas odiaban a Andrés Manuel, decían que era un traidor, que si él quisiera realmente al pueblo, debería seguir en el PRD, pero se fue a fundar su propio partido. Ese era el lenguaje y el discurso de los perredistas en mi distrito.

En algunos municipios no nos dejaron entrar. A mí me rechazaban por ser mujer, e indígena. Se tenía la idea de que a las indígenas, y sobre todo a las mujeres, nos utilizaban. Además, anteriormente, una diputada federal tenía antecedentes de haber sido apoyada por AMLO y que no ayudó a los pueblos, y eso no fue bien visto.

La candidata

En una ocasión me presenté en Juxtlahuaca, la cabecera municipal. Traía un pantalón de mezclilla y la playera de Morena, porque ya no podía presentarme con mi huipil. Antes del evento entré al baño a la presidencia municipal y cuando salí un funcionario me comentó:

—Mire, señorita, ya va a comenzar el evento, usted es del equipo, ¿verdad? Se está concentrando mucha gente, vienen bastantes triquis. Pues vamos a escuchar a ver qué dice esta mujer, según que es licenciada, pobres triquis, ¿cómo van a poner una mujer?, si los hombres no saben hablar castellano, menos las mujeres, pero pues como ya se hizo el acuerdo con el viejo, ya ni modo. Esos triquis ya están más que entregados. Esa pobre india solo va hacer el ridículo, estoy seguro de que no sabe hablar el español y menos hablar delante de la gente, esos triquis no ven su realidad, quieren soñar. Ella, que según es la candidata, la engañaron, le mintieron, solo la van a utilizar… Ya apúrese porque ya va a empezar…

No le respondí, salí con los puños apretados. Mientras avanzaba hacia la tarima donde iba a hablar, me acordé de una ocasión cuando era niña y acompañé a mi abuela a Juxtlahuaca. Después de comprar su mandado nos sentamos a descansar en la banqueta porque llevábamos todo el día caminando. No estábamos molestando a nadie, simplemente nos sentamos un ratito, y de la nada nos aventaron agua y nos barrieron con la escoba para que nos fuéramos…

Subí a la plataforma, agarré el micrófono y les demostré quiénes éramos las mujeres triquis. Hablé de la discriminación, de la pobreza y de la ignorancia que hemos sufrido por más de 500 años. Compartí el orgullo que siento por nuestra forma de organización y lucha. Expliqué que la violencia en la que vivimos no nació de nosotros, sino que es resultado de intereses externos, que han buscado dividirnos. Pero que había llegado el momento de que el pueblo triqui participara con dignidad. No más confrontación, no más división. Teníamos que caminar juntos. Los triquis no somos un pueblo que desee el mal, porque la muerte de una compañera o un compañero es la muerte de nuestro pueblo, y no queremos que ningún oaxaqueño sienta ese dolor que hemos padecido por tanto tiempo…

Cuando bajé, el señor me vio y agachó la cabeza.

Con más orgullo que hambre

Cada vez más personas se unían a la campaña. Nuestros oponentes nos veían llegar fuertes, bajarnos de las camionetas con nuestras playeras guinda, sin miedo o vergüenza. Éramos los mismos triquis a los que antes habían humillado, pero ahora estábamos trabajando para unir y no para separar. Contar con el MULT fue una gran ventaja, porque como organización estaban muy bien coordinados, pero, además, yo llegué a fortalecer sus bases que estaban olvidadas y a movilizar a personas de otras comunidades. Formé nuevos cuadros políticos que integré a la organización. Así fue como logré completar la estructura que Morena nos pedía para cubrir todas las casillas electorales.

Nuestros oponentes comenzaron a vernos fuertes, incluso recibimos amenazas del candidato del PRD. Mis compañeros no se quedaron callados. "No sabes con quién te estás metiendo. Aquí estamos en nuestro territorio, caminando y luchando con dignidad. No venimos a provocar, pero si tú buscas pleito, también sabemos responder". Eso bastó para que su equipo reculara.

Para sacar adelante la campaña me endeudé como nunca en mi vida. Me gasté todos mis ahorros personales en lonas, playeras, bocinas, gasolina, comidas, llantas, hoteles… Tenía mis propias brigadas de avanzada que iban a las comunidades antes que yo para preparar las reuniones, y a mí me tocaba financiar todo eso. Mi mamá incluso pidió préstamos en la caja popular para ayudarme con los gastos. Así como ella financió a mi papá cuando fundó el MULT, ahora estaba financiando mi campaña.

A veces llegábamos a comunidades donde teníamos amigos, y ellos nos recibían. Gracias a Dios, en las comunidades la gente es muy buena, no puedo negar eso. Siempre nos ofrecían algo: unos totopos, un poco de queso, lo que tuvieran. En los caminos llenos de vegetación nos encontrábamos naranjas o mangos tirados en la carretera; los recogíamos y eso comíamos para aguantar el viaje. Fue una campaña austera. Usábamos lonas pequeñas para las comunidades chicas, y solo colocábamos las grandes en zonas estratégicas. A pesar de las carencias, nos daba ánimo el compromiso de no dejar mal al pueblo. Teníamos más orgullo que hambre.

El domingo el 7 de junio me levanté muy temprano. Mi esposo y yo fuimos juntos a depositar nuestro voto. Por la tarde anunciaron los resultados preliminares y al día siguiente ya era casi oficial. A pesar de todos nuestros esfuerzos, perdimos.

Me sentí decepcionada, pero también tranquila porque había hecho mi máximo esfuerzo. Muy dentro de mí sabía que no nos alcanzaba para ganar la diputación porque el PRD seguía teniendo mucha fuerza en el distrito.

Reuní a mi equipo y les agradecí a todos: a los compañeros, a las brigadas, a las autoridades. Reconocí su compromiso, su responsabilidad y su lealtad. La campaña no la hice sola, fuimos un equipo. Siempre me he visto como parte de un colectivo que camina unido, y en este camino logramos que Morena comenzara a sonar fuerte como partido y movimiento.

Además, por primera vez, las mujeres indígenas triquis se involucraron en un tema electoral. También conseguimos unir a todos los cuadros de la izquierda de Tlaxiaco, como el magisterio, las organizaciones sociales, asociaciones civiles, padres de familia, médicos y sindicatos. En esta campaña, la presencia de la izquierda se hizo visible y fuerte.

Además, Tlaxiaco fue el tercer distrito que consiguió más votos para Morena. Y de todas las candidatas que tuvo el partido como candidatos distritales en el estado, yo fui la primera mujer en alcanzar ese nivel de votación, es decir, fui la mujer mejor posicionada en esa elección dentro de Morena a nivel estatal.

Habíamos hecho todo lo posible con lo que teníamos. No nos faltó esfuerzo, organización ni convicción. Eso era todo, en política se gana o se pierde.

Capítulo 14

CALDO DE PIEDRA

Después de tanto trabajo, no me quedó de otra más que continuar con mi vida. Estaba agotada física y emocionalmente. No quería saber de candidatos, elecciones, distritos, urnas, nada. Solamente deseaba descansar, disfrutar a mis hijas, a mi familia. Pero no podía dejar de pensar en todo lo que había gastado para financiar la campaña. De las tres camionetas de la familia, una quedó inservible, ya no hubo forma de recuperarla, y las otras dos terminaron en el taller con averías graves. Pero lo que más me preocupaba eran los préstamos que mi mamá había solicitado en dos cajas populares.

Cada vez que necesitábamos comprar lonas, pagar viáticos, ponerles gasolina a los coches o imprimir volantes, corría con mi mamá a pedirle dinero. Desde que éramos niños, ella siempre ha usado las cajas populares, que son cooperativas de ahorro y préstamo formadas por personas que se organizan para apoyarse y prestarse dinero entre ellas. No piden tantos requisitos como un banco para obtener un crédito, pero los intereses suelen ser muy altos. Sin darme cuenta, había adquirido una deuda enorme en dos cajas populares en Huajuapan.

Debía casi un millón de pesos. No sabía qué hacer, no tenía trabajo, los intereses aumentaban cada día y no tenía idea de cómo pagar esa deuda, todos los días me preguntaba: ¿qué van a comer mis hijas? Si esa había sido mi aportación a la lucha, estaba bien, pero sabía que no nos merecíamos eso.

Mi cuerpo terminó por resentir el estrés acumulado: la deuda, las preocupaciones constantes y el agotamiento de cuatro meses sin descanso comenzaron a pasarme factura. A los pocos días empecé a sentirme mal. Tenía fiebre, el cuerpo me dolía por completo y apenas podía mantenerme en pie. Me llevaron al hospital, y fue ahí donde me diagnosticaron una infección persistente que no me daba tregua. Sentía como si todo ese desgaste emocional y físico se hubiera manifestado de golpe, dejándome completamente vulnerable.

A los pocos días me llamaron de Morena para felicitarme por los resultados. Nunca se esperaron esos números de votación. A principios de 2016, Andrés Manuel comenzó un recorrido por todo el país, que incluía varios municipios y ciudades de Oaxaca. Cuando vino a la ciudad, me mandó llamar, pero yo me negué. La segunda ocasión fue en Valles Centrales, donde también me esperaba, y tampoco fui. La tercera vez le marcaron a mi esposo. "¿Te ha mandado llamar Andrés Manuel?". Le respondí que sí, pero que no tenía intención de volver. "Te está buscando porque lograste llevar un buen número de votos en Tlaxiaco. No lo dejes así, habla con él", me insistió. Como no pudo convencerme, habló con mi papá. Él me dijo: "Te están buscando de Morena. Ve. No quedes mal con el señor, por lo menos que vea que tú no eres indiferente". Le contesté que no tenía nada a qué ir. Mi mamá estaba endeudada en la caja y le estaban cobrando intereses. "¿Usted cree que el señor López Obrador va a pagar lo que debemos? No, papi. Él va a hablar de temas políticos. ¿Cómo voy a cargar con otra deuda? No, hombre, ni de chiste. Yo quiero a mi pueblo, pero endeudar a mi familia, no".

En su siguiente visita a Oaxaca, César Yáñez me habló y me dijo: "Compañera, te está esperando el compañero presidente. Va a estar en Tuxtepec, te sugiero —por última vez— que vayas". Nancy Ortiz, quien era presidenta del partido en el estado, también me llamó: "Amiga, ya es un ultimátum que vayas". Salomón me insistió: "Oye, licenciada, no seas así, de verdad es algo bueno". Salomón me comentó que ya le habían avisado al MULT, pero que esta era una reunión solo con los candidatos. Le respondí: "Ah, nada más que no se les olvide que yo estuve ahí porque me propuso el MULT". "Sí —me dijo—, pero Andrés Manuel quiere hablar primero con los candidatos, y después con el MULT".

Tenía la conciencia tranquila porque había cumplido con el MULT. Jamás podrán decir que fui una mala candidata; al contrario, siempre me mostré fuerte, con carácter, combativa, y a la vez diplomática. No me dejé. Les quité de la cabeza la idea de que los triquis no sabíamos dialogar. Logré una interlocución real con los sindicatos, las asociaciones y colectivos. Siempre hubo respeto mutuo, porque mi actitud fue de inclusión, nunca hice menos a nadie. Sabía que nos necesitábamos todos, y ese papel lo dejé muy en alto. También cumplí con Morena, no pueden decir que su candidata no dio el extra. Tal vez no gané la diputación, pero sí representé dignamente a mi pueblo, que era mi verdadera responsabilidad. Al final, el MULT ya podía sentarse a negociar con Morena sabiendo que tuvieron una buena candidata, que nunca se rajó. Les dejé la puerta abierta para el diálogo.

Entonces hablé con Rufino, el dirigente del MULT, y le dije: "Oye, me están llamando de Morena, quieren que vaya a hablar. Ya van dos veces que no asisto. No estoy interesada en seguir en Morena. Yo no soy de Morena. Ya cumplí con ustedes, cumplí con el MULT". Rufino me respondió: "Mira, Bety, ve y habla con el viejo. No podemos quedar mal solo porque tú no quieras ir. Tienes que ir y hablar con él".

Me convencieron y fuimos Ernesto y yo a Tuxtepec. Cuando Andrés Manuel me vio se sonrió, le dio muchísimo gusto verme. Me saludó, me extendió la mano, agradeció mi participación y me dijo: "Bienvenida, ahorita quiero hablar contigo, en la comida, te coordinas con Nancy Ortiz para que te diga dónde nos vamos a reunir. Necesito hablar contigo".

Mi esposo y yo los acompañamos en su recorrido por el noreste de Oaxaca. Primero llegamos a San Juan Tuxtepec, la cabecera municipal, famosa porque aquí nació el baile Flor de Piña, que se presenta cada año en la Guelaguetza. Las bailarinas, vestidas con coloridos huipiles, sostienen sobre sus hombros y su cabeza una piña adornada con un listón rojo, al terminar su presentación se la regalan a una persona del público.

Después fuimos a Ayotzintepec. Toda esa zona forma parte de la región del Papaloapan, una de las ocho en las que se divide Oaxaca. En el camino me impresionó ver tanta agua por todos lados y la gran cantidad de cultivos que había. Pero ya en los mítines, varias personas se acercaban a López Obrador para decirle que muchas de sus presas se estaban contaminando por las industrias que recientemente llegaron y que estaban acabando con su agua.

Andrés Manuel estaba muy contento y a cualquier lugar al que llegábamos me presentaba como su enlace distrital de Tlaxiaco, decía: "Es la compañera Beatriz Pérez, fue candidata a diputada, la primera mujer en conseguir más votos...". Me molestó que me presentara como si ya fuera un hecho que yo iba a estar con ellos y le dije a Ernesto: "¿Por qué hace eso?, todavía no he hablado con él...".

"Mira, Bety, él viene a armar su equipo, te va a pedir que seas su enlace, así como Salomón es la imagen de Morena en Oaxaca, tú vas a ser su imagen, pero en el distrito...", me explicó mi esposo.

Al terminar el evento en Usila nos reunimos a las afueras, donde pasa un hermoso río y donde improvisaron un sitio para comer. Antes de llegar a Usila, en la cumbre del cerro, nos bajamos de las camionetas y ahí está una especie de mirador. Toda esa hermosa vista es a lo que le denominan la Puerta del Cielo. Desde ahí se ve el río, las casas, los montes, los árboles, las milpas, el cielo precioso, lleno de colibríes y mariposas... estábamos en San Felipe Usila, en el corazón de la Chinantla.

Nos llevaron a a las orillas de un río, que no era muy caudaloso, pero tenía el agua transparente y ya había mesa dispuestas para recibir a López Obrador y a sus acompañantes. Nos sirvieron el platillo tradicional de la región que es el caldo de piedra. En una jícara artesanal colocaron tomate criollo, cebolla roja, ajo, cilantro, agua, chile jalapeño, camarones y una mojarra recién pescada. Nos explicaron que los hombres del pueblo recolectan las piedras a la orilla del río, las seleccionan con cuidado, porque no cualquiera sirve, ya que deben aguantar altas temperaturas sin quebrarse. Después las calientan durante dos horas sobre leña de encino. Cuando ya estaban rojas las piedras las echaron en nuestras jícaras y el agua empezó a hervir. Todo se cocinó frente a nuestros ojos. El compañero cocinero nos explicó que era una receta ancestral, de origen prehispánico, y solo los hombres, por el trabajo en el campo, lo preparaban en el río.

En lo que se cocinaba el pescado, Andrés Manuel me preguntó:

—¿Cómo estamos, Bety?

—Bien —le dije.

—No has ido las dos ocasiones que te mandé llamar.

—Mire, señor, yo la verdad es que estuve enferma, tuve una infección fuerte, y precisamente en esas fechas usted estuvo en Oaxaca. Una vez estaba hospitalizada, y la otra, con la infección.

—Ah, no me digas, yo no sabía.

—De hecho, todavía vengo mal... pero pues aquí estoy.

—Ah, caray —me dijo—, no sabía. No, pues...

—Se lo estoy diciendo para que usted sepa que no fue una omisión.

Entonces me habló así, tan clarito, y me dijo:

—Mira, yo no le voy a dar vueltas al asunto. Estoy muy contento con tus resultados, estuve muy sorprendido. Yo creo que nadie hubiera llegado a esos números como lo hiciste tú en Tlaxiaco. Yo esperaba menos...

Y me enseñó una hoja donde estaban los pronósticos de las votaciones. La verdad, duplicamos la cantidad que ellos tenían contemplada para el distrito.

—Hiciste un gran esfuerzo, Bety.

—No fui yo, fue toda la organización. Se desplegó todo un equipo: camionetas, autoridades, compañeros, mujeres, hombres triquis y de otras comunidades que pertenecían a la organización. Con ellos hemos podido hacer todo este trabajo. Independientemente, nos hemos reunido con el magisterio, con asociaciones civiles, con la Iglesia, con todos, para organizar este tipo de trabajo. Las organizaciones civiles o sociales también se han sumado. La verdad, ha sido gracias a todos ellos...

—Sí, Bety, pero ¿quién ha sumado a todos ellos? Ahora tú eres la que vas a recorrer el distrito para las elecciones de 2018.

—Mire, señor, déjeme pensarlo. Porque de verdad he estado enferma, dejé a mi familia... y creo que eso lo tiene usted que platicar más con la organización, con el MULT, porque son ellos los que me hicieron la invitación. Yo hice todo este trabajo por ellos. Ya terminé mi responsabilidad, tanto con ellos como con ustedes.

Entonces me dijo:

—A ver, esta es la propuesta para ti. Quiero que te hagas responsable del distrito federal electoral para la elección de 2018. Necesito a mi gente de confianza, y en ese distrito mi gente de confianza eres tú. No conozco a nadie más. Tú tuviste ya una elección, ya recorriste, ya te conocen, te metiste con todo, por eso te necesito como mi gente de confianza. Estoy armando una estructura a nivel nacional, y te necesito ahí.

Le respondí:

—Muchas gracias, pero yo esto no lo hice sola. Usted sabe lo del acuerdo con el MULT, y necesita hablar con ellos. No es conmigo.

—Con el MULT yo tengo un acuerdo aparte. Les voy a dar su espacio, tú no te preocupes. Pero yo te estoy invitando a ti porque ya recorriste, porque eres la imagen ya de Morena. Si quieres tranquilizarte, yo hablo con ellos. Desde ahora te aseguro que ellos ya tienen un espacio seguro. Pero contigo es con quien quiero negociar esto. Te quiero en mi equipo. Yo sé que vienes del MULT, pero ahora yo te necesito al cien por ciento conmigo.

—Pues voy a comentarlo con ellos.

—Yo hablo con tu organización para que te tranquilices, pero no te equivoques, estoy hablando contigo.

—Ah, ¿y qué voy a hacer?

—Lo mismo que hiciste. Nada más que ahora sí vas a tener más tiempo para ir a los municipios que te faltaron y armar más brigadas.

Pensé: "No manches, no, no, no".

Le expliqué que ya no tenía coche y le pregunté:

—¿Y quién me va a apoyar?

Y me respondió:

—Nadie. Vas a caminar. Pero estoy hablando de que vas a ser parte de mi equipo de confianza. Solamente vas a tener un apoyo para gasolina. Ya recorriste otros municipios, te diste cuenta de que no solo Copala sufre y tiene necesidades. No solo tu pueblo requiere apoyo. Hay otros pueblos que también están padeciendo y no los podemos dejar solos. Así que tienes que caminar, recorrer, hablar con la gente. Donde yo no voy a poder llegar… tú lo vas a hacer.

Me pegó mucho cuando me dijo:

—No podemos dejar de luchar.

Y me dio mi cátedra.

Le respondí:

—Entonces… déjeme pensarlo.

—Bueno —me dijo—, tienes 10 minutos, en lo que me acabo mi caldo…

Destapó el tazcal, sacó una tortilla, le puso salsa, agarró su cuchara de madera y dio el primer sorbo.

Me acerqué a mi esposo, que ya estaba comiendo, y le expliqué: "Mira, tal como me dijiste, sí me ofreció ser su enlace, quiere que recorra otra vez los municipios, pero solo me ofreció un apoyo para la gasolina, nada más. Me dio 10 minutos para pensarlo, pero ya lo pensé y no le voy a entrar. Traigo la deuda de mi mamá y no sé cómo le vamos a hacer para pagarla…".

Yo creo que Salomón Jara vio mi cara de preocupación, porque se acercó a nosotros y me dijo: "Bety, perdón que me meta, pero no hay que desperdiciar estas oportunidades. Andrés Manuel te está ofreciendo ser persona de su confianza. Piénsalo, valóralo. Yo sé que ahorita no hay lana, pero después va a ser distinto. Él no se olvida de la gente que lo ayuda…".

Pasaron los 10 minutos, volteé a la mesa principal y López Obrador aún seguía cuchareando su caldo… estaba a punto de irle a decir que no, cuando mi esposo me agarró de la mano y me dijo: "Mira, Andrés Manuel ya es un viejo conocido, es un personaje importante a nivel nacional. No dejes en mal a tus compañeros, porque si ahorita te niegas, ¿tú crees que él va a querer sentarse después con el MULT a negociar, si tú le quedas mal?".

Eso me imponía mucho y él lo sabía. Me pesaba más la organización que mi deuda. Ahora en mis manos estaba que Andrés Manuel tuviera una buena relación con el MULT, con la lucha de mi papá de tantos años, con Copala, con mi pueblo. Porque si yo me negaba, él ya no querría negociar con ellos.

Entonces… acepté.

Capítulo 15

RUMBO AL 2018

Andrés Manuel no solo tenía claro su objetivo, sino también el camino para alcanzarlo.

En el estado de Oaxaca éramos 10 sus enlaces. Cada mes nos reuníamos con él para dar seguimiento a nuestro trabajo. Además, se había implementado un sistema a nivel nacional, donde subíamos toda la información acerca de los municipios que visitábamos, las alianzas que hacíamos y los problemas que teníamos que resolver.

Durante 2016 y principios de 2017 armamos la estructura política y electoral con la que Morena ganó las elecciones de 2018.

Lo primero que yo hice fue reunirme con los líderes del MULT para explicarles con claridad que, a partir de ese momento, estaría trabajando con Morena en la construcción de su base territorial. Les hablé de la importancia de arraigar el movimiento en las comunidades y secciones electorales para crear una estructura operativa estatal, capaz de movilizar y convocar desde las bases. Ellos acordaron tener al equipo que estaría en las casillas de las comunidades triquis, ya estaban convencidos de caminar con AMLO, así que solo aceptaron.

Fue en 2017, cuando yo hacía mi recorrido para armar toda la estructura para Andrés Manuel. Me citaron en mi región para una reunión general. Cuando llegué en esa reunión, vi que estaban varios líderes naturales, que son los que toman decisiones en la región. Y me sorprendí porque, entre todos ellos, estaba Toño Pájaro. Toño Pájaro, el mayor adversario que habíamos tenido. Toño Pájaro, el que había intentado matar a mi papá.

La reunión pasó con calma. Yo los escuché. Se mencionaron varios asuntos de la región e incluso tomaron en cuenta una petición que les hice, que era que algunos compañeros se hicieran responsables de cuidar las casillas en las comunidades triquis. Todos quedaron en que iban a nombrar a las personas que lo harían. Y acabó la reunión.

Ya a la salida, yo me estoy despidiendo de todos los líderes, pero cuando veo a mi papá, veo que saluda a Toño Pájaro. Y que todos los líderes naturales, incluso uno de los que viven en Rastrojo, también lo saludan. Me sorprendo mucho, me quedo sin palabras. Eso para mí es muy impactante porque él es la persona, junto con sus familiares, que había atacado a mi papá, a mi familia, a mi mamá, a mí, a mis hermanas, a mi hermano.

Le pregunto a mi papá que qué está pasando. Y me dice: "Se hizo un acuerdo con Toño Pájaro para que ya no siga la violencia. Y vamos a cumplir ese pacto, ese acuerdo. Ya está de este lado". Y yo: "¿Cómo? O sea, ¿cómo que tan rápido se les olvidó todo lo que nos han hecho?".

Entonces ahí veo que se acerca Toño Pájaro. Mi papá lo agarra, lo saluda, ¡se dan un abrazo!, y me dice: "Salúdalo". Yo de verdad en ese momento no lo quiero hacer. Le digo que no. Pero mi papá insiste: "Salúdalo". No, no quiero, traigo yo todo el enojo, la rabia de todo lo que nos había hecho. Y mi memoria empieza a agarrar sentido. A agarrar ese coraje que tenía guardado. Y de pronto van llegando sus hijos… Todo se me revuelve. "Salúdalo", vuelve a decirme.

Y ahí pasó algo muy raro. O interesante, diría yo. O bonito. Porque cuando lo saludo, pero lo saludo bien, con abrazo, se me olvida todo… "Pues yo ya estoy grande, ¿no?", pensé. "Ya tengo a mis hijas, a mi familia". Entonces se me olvida el rencor. Ya lo vi como un compañero más, vi lo que teníamos en común. Saludé a sus hijos. Y pues esos niños pequeños, que yo había visto en mi infancia, ya también son señores grandes, los saludé igual, y me dio gusto igual.

Ya cuando se van, hablo con mi papá y ya mi papá me dice: "Eso es lo que falta en el pueblo, hija. Si tú quisieras que nos odiáramos siempre o que yo no olvidara el dolor, el coraje que yo sé que ocasionó, seguiríamos enfrentados. Hoy lo que necesita el pueblo, mi amor, es... Hoy lo que necesita el pueblo, hija, es eso, la paz, que nos empecemos a perdonar. Ya estamos viejos, hija, ya estamos grandes. ¿A mí qué me espera? ¿A él qué le espera? Ya los errores que cometimos los vamos a empezar a pagar o ya los estamos pagando. Pero no podemos estar derramando más la sangre de un hermano triqui porque no nos lo merecemos. Nos merecemos, en cambio, esto, la reconciliación".

Fue ahí donde entendí que la paz era importante. Por eso es que me fui sobre ese tema en la Cámara de Diputados. Porque ese abrazo me enseñó a ver la vida de Copala de forma diferente.

Que todos nos merecemos ese abrazo, ese sueño, porque es el futuro.

Los inicios de la campaña

Oaxaca está dividido en 10 distritos electorales. A mí me asignaron el distrito electoral federal 6, cuya sede se encuentra en la ciudad de Tlaxiaco. Después de una distritación que se realizó en 2017, el distrito está conformado por 82 municipios y abarca dos regiones: la Mixteca y la Sierra Sur.

De los 15 municipios más pobres del país, 12 se encuentran en Oaxaca, principalmente en la Mixteca. Cuando se habla de pobreza extrema se refiere a que el ingreso total de una persona no es suficiente para cubrir su alimentación, por más elemental que sea. Santos Reyes Yucuná, uno de los municipios de mi región, encabeza la lista de pobreza extrema. No cuentan con servicios básicos como agua potable, centros de salud, escuelas o caminos.

Esa pobreza profunda y estructural reflejaba el abandono histórico del Estado hacia nuestras comunidades. Yo venía de un movimiento que, durante décadas, había peleado por sus derechos y había padecido persecución y encarcelamiento. Esa experiencia fue mi mejor arma para poder acercarme a otras comunidades. Les expliqué que nosotros luchábamos como movimiento social para que todos nos beneficiáramos. Les decía que el recurso nacional era de todos y cada uno de nosotros, como mexicanos que aportamos con nuestros propios impuestos, teníamos el derecho a tener salud, educación y vías de comunicación. Yo contaba con esa información y, sobre todo, con la capacidad de comunicárselos de forma clara. Les preguntaba: ¿cómo están sus clínicas?, ¿cómo están sus hospitales?, ¿cómo están sus caminos?, ¿cómo está la educación?, ¿cómo están las escuelas?, ¿cuántos maestros tienen?

La ciudadanía ya estaba harta, por eso el crecimiento de la izquierda en estos municipios no fue casual, sino resultado de años de organización comunitaria y resistencia social. Ya había una base social constituida por maestros de izquierda y padres de familia que, ante el abandono institucional, comenzaron a organizarse para exigir cambios reales. No era necesario convencerlos desde cero, todos compartíamos el propio dolor provocado por la marginación, el olvido y la falta de justicia. Además, las alianzas del PRD con el PRI y el PAN provocaron un fuerte desencanto entre la población, lo que facilitó el crecimiento de Morena. Eso abrió la puerta para que el movimiento que representábamos se percibiera como una alternativa real de izquierda.

También me acerqué a algunos grupos que en su momento habían pertenecido al MULT, pero que se habían alejado porque no estaban de acuerdo con la dirigencia o con los responsables territoriales. Rechazaban a los viejos liderazgos que ya no representaban sus intereses. Los invité a que se unieran a Morena, pero tuve que acompañarlos en la creación de nuevos referentes, de líderes comunitarios auténticos, surgidos del mismo pueblo.

Me costó mucho trabajo convencer a las personas mayores que llevaban toda su vida votando por el PRI. Me decían: "Yo estoy con el partido de nuestra bandera de México. A mí nadie me va a hacer cambiar". Algunos perredistas no querían unirse a Morena porque mantenían un fuerte vínculo emocional e ideológico con la figura de Lázaro Cárdenas y su hijo, Cuauhtémoc Cárdenas. En la región de la Mixteca, la figura del Tata Cárdenas es muy querida; lo recuerdan como un presidente cercano que recorrió la zona y convivió con la gente. Por eso, cuando Andrés Manuel López Obrador se separó del PRD, muchos lo vieron como una traición a Cuauhtémoc, quien —según decían— le había tendido la mano en su momento. Para ellos, dejar el PRD era como traicionar esa memoria y ese legado. Yo les decía: "Sí, yo entiendo todo lo que ustedes me dicen, pero ¿con quiénes está ahorita el PRD? Con el PRI y con el PAN".

Lamentablemente, mucha gente estaba acostumbrada a una lógica del "¿qué me das?" o "¿qué me traes?". Eso hizo que el trabajo fuera más difícil, porque yo siempre llegué solo con la palabra. Les decía: "Compañeros, yo no traigo nada, no vengo a prometerles nada. Lo único que tenemos es la organización y la movilización. De eso depende todo". Algunos me creyeron, otros no. Aun así, poco a poco fuimos construyendo nuestra estrategia con quienes confiaron en mí. Pero no era fácil, sobre todo porque me enfrenté a un PRD que llegaba ofreciendo cosas concretas. Ellos preguntaban: "¿Qué proyectos necesitan? Les damos caminos, agua potable, electrificación, lo que quieran". Y claro, contra eso no puedes competir, porque tú no tienes nada que ofertar más que la palabra y la convicción de que el cambio solo viene desde abajo.

Otra estrategia que implementé fue usar las redes sociales para que la gente me identificara como parte del equipo de Andrés Manuel. Cada vez que teníamos una reunión, me tomaba fotos con él y las publicaba. Con el tiempo entendí que esas imágenes generaban confianza. Verme junto a él les daba a las personas la seguridad de que yo estaba realmente dentro del movimiento y comprometida con el trabajo.

En la primera etapa, lo más importante era comprometer a las personas a cuidar una casilla el día de la elección, es decir, integrar los comités de vigilancia. En cada casilla debían estar mínimo dos personas, el titular y el suplente. Los ciudadanos que aceptaban nos daban una copia de su credencial de elector y firmaban un documento donde decían que aceptaban observar toda la jornada electoral en su casilla.

Lo más estresante fue la falta de recursos económicos. Morena me había prometido enviarme un apoyo para gasolina y me confié. Contraté a cinco compañeros para que me ayudaran a recorrer todos los municipios y cuando, después de ocho meses, llegó el dichoso apoyo, me di cuenta de que era mucho menos de lo que había creído. Les di el dinero a ellos en pago por su trabajo y yo seguí financiando todo lo demás. Me desvivía para cumplir con la cuota que se me había establecido.

Muchas veces nos tuvimos que quedar a dormir en las comunidades, en casas de amigos o compañeros. Asumí la responsabilidad de los viáticos, les decía: "Compañeros, pues miren, tortilla y sal no nos va a faltar…", y nunca nos faltó.

La gira

Ya llevaba medio año caminando mi distrito cuando Salomón Jara me dijo que Andrés Manuel quería recorrer la Mixteca. Me ordenó hacer la ruta de acuerdo con las instrucciones que López Obrador había mandado, pero vi que quería recorrer cuatro municipios por día. Pensé que era un error y le hablé a Salomón. Me dijo: "No, está bien, de verdad sí hace los cuatro municipios".

Esa primera gira marcó definitivamente la forma en que trabajé después. Me tocó coordinar todo, desde la ruta general hasta los detalles más pequeños. Yo misma conseguí las bocinas, me coordinaba con los compañeros para asegurar los espacios en los lugares públicos. Me aseguré de que en cada lugar al que llegara estuviera una representación amplia y comprometida de compañeros y compañeras del movimiento. Además, tenía que prever dónde íbamos a comer y descansar.

El primer día de la gira, Andrés Manuel se presentó en Putla y escuchó directamente las quejas y preocupaciones de la gente. Como las disputas agrarias, la alta tasa de analfabetismo, sobre todo entre mujeres, las pocas oportunidades de desarrollo, las problemáticas ambientales por el deterioro de los recursos naturales y la preocupación constante por la inseguridad que afecta a la región. Yo estaba ahí parada escuchando todo cuando César Yáñez, que era el secretario de Comunicación, Prensa y Propaganda de Morena, me dijo: "Muchas gracias, compañera. Te sugiero que te adelantes al próximo pueblo para que vayas organizando a la gente". Se me hizo una exageración porque estábamos muy cerca y el evento apenas había iniciado. Así que no le hice caso y me quedé. Unos minutos más tarde se me acercó de nuevo, pero ya con un tono más serio, para decirme que me veían en el siguiente evento. Ya no quise contradecirlo, así que junté a mi equipo, nos subimos a las camionetas y veníamos muy tranquilos por la carretera cuando faltando cinco minutos para llegar a la sede, vemos cómo nos rebasa la comitiva de Andrés Manuel, venían en chinga. Inmediatamente le hablé a un compañero que estaba en el lugar donde íbamos. Quería que me tragara la tierra. Afortunadamente, el chofer se sabía un atajo y llegamos un poquito antes que ellos. Me subí casi de un brinco a la tarima, agarré el micrófono y empecé: "Compañeros, recibamos con un fuerte aplauso al presidente del partido...", la gente comenzó a gritar, le cedí la palabra a Andrés Manuel y por fin pude respirar. César se rio de mí: "¿Te dije o no te dije? Hoy te salvaste, pero no vuelvas a hacer lo mismo, parece que no, pero Andrés se da cuenta de todo".

Después, ya no me la volvieron a hacer. Llegaba a los mítines antes que nadie. Abría el evento, presentaba a los participantes y le daba la bienvenida a Andrés Manuel. Dejaba un grupo de compañeros encargados de hacer el cierre y dar las gracias, mientras los demás salíamos corriendo al siguiente pueblo. En esa gira aprendimos a manejar rápido, meterle velocidad, controlar las curvas y a maniobrar sobre terracería, porque en muchos municipios no había carreteras pavimentadas. Llegábamos todos empolvados a revisar bocinas, probar micrófonos, checar asistencias...

Andrés Manuel había sido candidato a la presidencia en 2006 por el PRD y en 2012 por Movimiento Ciudadano, por eso mucha gente lo conocía y no nos creían cuando les decíamos que iba a ir a su municipio. Poco a poco se iba corriendo la voz de que se había presentado en tal lugar y en otro. Las plazas se llenaban. Las personas querían conocerlo. Nos decían que nunca había llegado a su comunidad un político de nivel nacional y menos alguien que se preocupara por los problemas locales. Esos mítines, más que concentraciones políticas, parecían fiestas, la gente estaba realmente contenta, muy alegre.

Después de tres días de recorrido, estábamos agotados y aún nos faltaba el evento final, que sería en la cabecera distrital, en

Tlaxiaco. Ese era mi máximo reto. Algunos miembros del equipo de Andrés Manuel no confiaban en que pudiera llenar la plaza porque no me habían visto en acción. Invité a todas las bases que ya había conformado en Putla, Huajuapan y Tlaxiaco, pero también comprometí al MULT. El dirigente debía lucirse ahí. A mí me interesaba que el MULT quedara bien con Andrés Manuel. Sabía que le molestaba cuando alguien no cumplía con lo que había dicho. Yo ya había asumido la responsabilidad de llevar a mi gente, y para él era fundamental que cada uno respondiera por su equipo. No le gustaba que uno se hiciera fuerte a costa del trabajo o de los liderazgos de otros.

El día del evento estaba muy nerviosa. Revisé cada detalle una y otra vez. Me angustiaba la idea de que mis compañeros no llegaran, que me dejaran plantada. Me moría de miedo cuando veía la plaza tan solitaria, pero poco a poco empezaron a llegar las camionetas llenas de gente. Venían contentos, con sus banderas y pancartas en alto. Reconocí compañeros de todas las comunidades que había recorrido con mi equipo desde 2015. De repente, vi cómo llegaron los triquis. Eran muchísimos, se distinguían a la distancia porque las mujeres vestían sus huipiles rojos —me hubiera encantado haberme traído mi huipil para unirme a ellas, pero ya me lo habían prohibido. Venían de todas las regiones: de la triqui alta, de la media y de la baja; de San Juan Copala, San Martín Itunyoso, Carrizal, Cuyuchi, Santo Domingo del Estado, Cruz Chiquita, Zacatepec, Mesones... todos los representantes de la Mixteca estuvieron ahí reunidos. Algunos tenían conflictos entre ellos, pero ese día no hubo ninguna confrontación. Andrés Manuel se contagió inmediatamente de la emoción de la gente. Cuando bajó del escenario, me dio la mano y me dijo: "Muy bien, Bety, muy bien...".

Mi relación con los líderes nacionales de Morena siempre fue de respeto y aprendizaje. Sentía que cada mes era como estar en la escuela, donde había que rendir cuentas y mostrar resultados. A diferencia de otros compañeros que recibían llamados de atención por retrasos o incumplimientos, a mí casi nunca me dijeron nada, porque procuré estar al día, entregar los informes y cumplir con lo que se esperaba.

Andrés Manuel y Salomón siempre fueron respetuosos conmigo. Creo que valoraban que yo aprendiera rápido, que observara cómo se movían ellos, qué les gustaba, qué no, y que lo aplicara en mi trabajo. Andrés Manuel, en muchos sentidos, fue mi maestro: me enseñó cómo organizar desde el territorio, cómo hablar con la gente, cómo estar siempre presente. Salomón, por su parte, replicaba muchas de sus enseñanzas y nos las transmitía con claridad. Lo mismo pasó cuando llegó César Cravioto o los diputados locales que venían de la Ciudad de México: venían a vigilar, sí, pero también nos motivaban. En mi caso, siempre reconocieron el trabajo que ya estaba hecho. Cuando había que hacer acuerdos con nuevos actores, yo los canalizaba directamente con ellos, con el equipo nacional. Esa parte ya no me tocaba a mí. Mi tarea era mantener el territorio organizado, y en eso me concentré.

Además del trabajo rumbo a las elecciones federales, en 2016 también enfrentamos un proceso importante en Oaxaca: fue la primera vez que Morena participó en la contienda por la gubernatura, con Salomón Jara como candidato. Las campañas iniciaron el 3 de abril y se prolongaron hasta el 1º de junio. Esas ocho semanas fueron para nosotros de trabajo intenso, todo el equipo se volcó para apoyar a Salomón.

La jornada electoral del 5 de junio de 2016 fue clave para el crecimiento de Morena en Oaxaca. Aunque no obtuvimos la gubernatura, el partido logró posicionarse como una fuerza emergente en el estado. Por primera vez ganamos algunos municipios y obtuvimos representación en el Congreso local, con ocho diputaciones. Fue un avance significativo en un contexto dominado por alianzas fuertes y estructuras consolidadas. El PRI seguía siendo muy poderoso y compitió en la coalición Juntos Hacemos Más, al lado del Partido Verde Ecologista de México (PVEM) y Nueva Alianza, con Alejandro Murat como candidato, quien ganó la elección con el 32.08% de los votos. Por otro lado, el PRD fue en alianza con el PAN bajo la coalición Con Rumbo y Estabilidad para Oaxaca, con José Antonio Estefan Garfias como su abanderado. Ambas coaliciones contaban con recursos y estructuras amplias. Aun así, salimos fortalecidos. Para muchos fue una derrota, pero para quienes veníamos organizando el movimiento desde abajo, fue el primer paso firme hacia la transformación que queríamos.

El último bastión

Después de las elecciones para gobernador de Oaxaca, la dirigencia nacional nos pidió ayuda a los 10 enlaces distritales para apoyar al partido en la campaña electoral del Estado de México, la entidad federativa con el mayor número de habitantes del país y que era conocida como "el último bastión del PRI". Desde 2015, el Partido Revolucionario Institucional había perdido varios territorios, pero su carta fuerte seguía siendo el Estado de México. Nos decían que lo que pasara ahí sería fundamental para medir el poder de los partidos rumbo a 2018. Esas elecciones fueron el laboratorio electoral que demostraría la orientación real del voto para las elecciones presidenciales. Si el PRI perdía en el Estado de México, estaríamos frente al ocaso del régimen político que dominó nuestro país durante casi todo un siglo y que construyó el sistema de injusticia, corrupción y cacicazgo contra el que el MULT y otras organizaciones luchábamos desde hacía décadas. Sabíamos que los resultados de estas elecciones serían determinantes para Morena y por eso lo dimos todo.

Delfina Gómez Álvarez fue la candidata de Morena. Ella venía del magisterio. Había sido presidenta municipal de Texcoco por el partido Movimiento Ciudadano y también diputada federal. Me acuerdo de que incluso a principios de 2017 había pedido licencia en la Cámara de Diputados para aceptar la postulación de Morena.

A los oaxaqueños nos asignaron distintas colonias del Estado de México. A mí me tocó trabajar en el municipio de Los Reyes La Paz, al oriente del estado, colindante con la Ciudad de México. Esa zona estaba fuertemente controlada por la organización Antorcha Campesina, aliada del PRI en ese momento. Su presencia era tan dominante que en muchas colonias no nos dejaban entrar. En varias ocasiones nos corrieron, se escuchaban detonaciones e incluso detenían a las brigadas.

Como oaxaqueños, siempre hemos sido solidarios y "entrones". Cuando alguno de nuestros compañeros se encontraba en riesgo, no dudábamos en acudir, sin importar de qué equipo venía o con quién trabajaba. Nos unía un compromiso común, y esa fue nuestra reacción también ante las detenciones que ocurrieron en distintas partes del Estado de México. Aunque a veces no alcanzábamos a llegar a tiempo, lo importante es que nos movilizábamos todos, sin distinción.

En mi caso, conté con el apoyo del MULT y de compañeros de la Ciudad y del Estado de México, con quienes se había hecho un acuerdo para formar brigadas conjuntas. Ellos aportaban vehículos, perifoneo y mucha disposición. Estuvimos organizando recorridos durante varias semanas —quizá dos o tres meses—, principalmente en Los Reyes La Paz, siempre firmes en respaldar al movimiento y a la causa de Morena.

El día de la elección, como veníamos de otro estado, no podíamos ser representantes de casilla ni estar registrados en secciones electorales. Así que no dedicamos a trasladar a nuestros compañeros a zonas seguras cuando eran perseguidos, y dábamos seguimiento a lo que ocurría en las casillas. Si había conflictos, no interveníamos directamente, pero sí nos asegurábamos de proteger a quienes estaban en riesgo.

En esas elecciones me tocó vivir de cerca el "mapachismo" electoral. Vi cómo se compraban votos sin disimulo, cómo se acarreaba gente para llenar urnas a favor de ciertos candidatos, y cómo se manipulaban los resultados con prácticas como el relleno o la desaparición de boletas. Todo ocurría a plena luz del día, con una coordinación tan precisa que daba la impresión de estar frente a una maquinaria bien aceitada. Por más pruebas que recogiéramos, todo parecía quedar en el aire. Era evidente que quienes operaban esas maniobras lo hacían con total impunidad y respaldo.

Lo que viví allá fue muy distinto a lo que estamos acostumbrados en Oaxaca, donde hay mayor respeto por la legalidad y las normas electorales. Comprendí cómo funcionan otras estructuras políticas, y creció mi compromiso con la organización y con la lucha por una verdadera representación.

A pesar de que no contábamos con una estructura consolidada como la del PRI o el PAN, la candidata Delfina logró obtener más de 1.8 millones de votos, más del 30 % del electorado, quedó en segundo lugar, muy cerca del candidato ganador, Alfredo del Mazo. Para Morena, ese resultado fue un parteaguas porque demostró que podía competir en serio, incluso en territorios considerados intocables por las viejas estructuras.

Lo que ocurrió en el Estado de México demostró que la gente estaba buscando un cambio real, y consolidó a Morena como la principal alternativa al sistema político dominante. Fue el preludio de lo que vendría en 2018. Aunque esa vez no se ganó, Morena creció en credibilidad y presencia. Yo me quedé con la esperanza de que quizá un nuevo rumbo político era posible.

El compromiso

Andrés Manuel es un hombre que, por lo que a mí me tocó vivir personalmente, cumple su palabra. No sé si con todos fue igual, pero conmigo y con el MULT sí lo hizo. Recuerdo muy bien una ocasión, durante una de sus giras por nuestra región. Estábamos en una reunión, y ahí aproveché para decirle que mis compañeros del MULT querían hablar directamente con él. Tenían muchas ganas, era importante para ellos.

Siempre andaba de un lado a otro, sin parar: salía de una reunión y ya iba rumbo a la Costa, al Istmo o incluso a otro estado. Yo no sé en qué momento descansaba. Mis compañeros decían: "Lo alcanzamos donde esté, vamos a donde sea", pero la realidad era que simplemente no podía. Y yo lo entendía. Pero también entendía a la organización, a los líderes, y por eso le insistí: "Mire, mis compañeros quieren hablar con usted, aunque sea cinco minutos".

Fue entonces cuando me respondió: "A ver, Bety, no te preocupes. El MULT, de mi cuenta corre, no va a quedar desprotegido. Yo me hago cargo del MULT. Es mi palabra". Me tocó el hombro y me lo dijo así, directo. En ese momento pensé que eso no iba a ser suficiente para mis compañeros, porque lo que ellos querían era hablar con él, escucharlo personalmente. Pero también entendí que él, sinceramente, no tenía el tiempo.

Me lo dijo claro: "Yo ahorita no puedo. Mira cómo estoy, ya me voy. Que hablen con Salomón, que hagan el acuerdo con él... o si está César, que hablen con él. Yo ya tengo muy claro cómo voy a apoyar al MULT". Fui con los compañeros a explicarles la situación, a calmarlos. Les dije: "Está muy ocupado, no va a hablar con nadie en este momento". Y así era. No hablaba con ninguna organización. Apenas terminaba un evento, y ya lo esperaban para salir. A veces se decía que sí hablaba con otros, con actores de la sección 22 u otras figuras, pero nosotros sabíamos que muchas veces eso no era cierto. Él no se detenía. Terminaba y se iba, directo a lo que seguía.

Así fue como me tocó manejar esas solicitudes. Con respeto, con claridad, y confiando en su palabra, porque hasta ese momento, él con nosotros sí había cumplido.

A la contienda electoral del Estado de México en 2017 le siguió un periodo de tensión e incertidumbre dentro del partido. Andrés Manuel empezó a mover sus piezas para la elección presidencial de 2018. Algunos miembros del movimiento no tuvieron pudor al mostrar sus intenciones para ocupar las distintas candidaturas.

En el proceso electoral de 2018 el pueblo de México iba a elegir no solo a quien ocuparía la presidencia de la República, sino también a todos los integrantes del Congreso de la Unión, es decir, a los senadores y diputados federales del Poder Legislativo. Se iban a elegir 128 representantes, de los cuales 96 serían electos directamente por estado, a razón de tres senadores por cada entidad federativa: dos por mayoría relativa (los más votados) y uno más asignado al partido que quedara en segundo lugar, bajo el principio de primera minoría. Los 32 senadores restantes serían elegidos por el principio de representación proporcional, a partir de una lista nacional presentada por cada partido político.

También se elegirían 500 diputados federales para conformar la Cámara de Diputados; 300 serían electos por mayoría simple en sus respectivos distritos —es decir, ganaría quien obtuviera más votos—, y los otros 200 serían asignados por representación proporcional, utilizando cinco listas regionales que cada partido inscribiría.

A mediados de 2017 el partido convocó a una asamblea nacional. Asistieron todos los consejeros y líderes nacionales y regionales porque Andrés Manuel iba a anunciar los candidatos a senadores y diputados de cada estado. Impuso un mecanismo de "tómbola", que consiste en un sorteo para seleccionar a quienes ocuparían ciertas candidaturas, especialmente las de representación proporcional o plurinominales. La idea de la tómbola es promover la participación de militantes comunes, sin que las candidaturas sean impuestas por dedazo o acuerdos de cúpula.

El proceso de la tómbola es una forma de selección interna de candidaturas en Morena que busca evitar favoritismos y abrir la participación. Sin embargo, también se iban a anunciar otros candidatos designados por acuerdos políticos o compromisos estratégicos. Se les denominaba externos.

López Obrador iba anunciando estado por estado y distrito por distrito. Cuando llegó el turno de Oaxaca, dijo: "Para la posición 6 tengo un compromiso con un movimiento social, es una compañera indígena que viene de la lucha… hay que resarcir la justicia histórica para los pueblos indígenas, y en esta ocasión le toca al pueblo triqui de Copala. La compañera Beatriz Pérez fue nuestro enlace distrital. Nos ha ayudado desde el primer momento, desde el 2015 ha recorrido todos los municipios de su distrito. Ella no dudó en sumarse…". Ahí mismo anunció que yo iría por dos vías: como candidata por mayoría y para el número 6 de la lista plurinominal.

Eso significaba que si ganaba en las urnas, ocuparía la diputación por mayoría. Pero si no ganaba, aún tenía la posibilidad de entrar por la vía plurinominal, siempre y cuando Morena obtuviera los votos suficientes. Así se aseguraba un espacio para los triquis.

Tenía sentimientos encontrados. Por un lado, me daba tranquilidad saber que Andrés Manuel le había cumplido al MULT y al pueblo triqui de Copala. Pero, al mismo tiempo, me invadía el coraje. Yo tenía la esperanza de que eligiera a otra persona para la de Mayoría Relativa y en la de Representación Proporcional el MULT decidiría. Yo había cumplido con AMLO en armar su estructura.

Ya no quería volver a recorrer los municipios, ni empezar otra campaña. Pensaba: "¿Otra vez me manda a la batalla?". La verdad, no me interesaba ser candidata. No quería volver a pasar por todo lo que implica una campaña: hacer lonas, brigadas, buscar camionetas, resolver todo otra vez. Ya no estaba dispuesta. Si desde el principio me hubieran dicho que esto era una competencia electoral, tal vez habría tomado otra decisión. Pero no fue así.

En una de las reuniones en la Ciudad de México, llegó Andrés Manuel a hablar con todos. En ese momento nos dimos cuenta de que no todos los que habían trabajado de cerca con él obtendrían un espacio como candidatos federales. Varios compañeros se quedaron fuera. Ahí mismo, él nos explicó: "No todos los que vienen conmigo van a quedar ahora, pero tampoco se van a quedar fuera del proyecto. Los voy a considerar, porque sé que hicieron su trabajo". Algunos, como fue mi caso, tuvimos dos espacios asignados. Explicó que no era por favoritismo, sino porque había visto nuestro compromiso y esfuerzo, y porque habíamos cumplido con la tarea desde el primer momento.

Así empezó el proceso electoral de 2018.

Capítulo 16

CUATRO BOLETAS

La gran diferencia entre un movimiento social y un partido político es que en el movimiento hay compañeros, y en el partido, intereses.

El 13 de diciembre de 2017 se hizo oficial la coalición Juntos Haremos Historia, conformada por Morena, el PT y el PES para competir unidos en las elecciones federales de 2018. Andrés Manuel López Obrador fue designado precandidato presidencial de los tres partidos.

A principios de ese año, Andrés Manuel vino nuevamente a Oaxaca. Nos explicó que a partir de ese momento la consigna era sumar a todos los que quisieran estar con el movimiento. Nos dijo: "Vamos a hacer un pacto por la unidad". Eso significaba que a partir de ese momento tendríamos que sumar a miembros de otros partidos. Esa fue la primera vez que me sentí incongruente. Yo había trabajado para formar liderazgos locales: compañeros y compañeras que me ayudaron a fundar y fortalecer el movimiento en nuestra región y ahora los candidatos a presidentes municipales y regidores no eran ellos, sino priistas, panistas y perredistas.

Los mismos que nos habían atacado en las campañas pasadas. Esa estrategia estaba en contra de mi ideología de izquierda. Cada vez que me tocaba presentar a esos candidatos en mítines, me daba mucho coraje. No estaba siendo sincera porque al unirme a ellos estaba defraudando todo en lo que creía. Me daba mucha vergüenza cuando los compañeros que me habían apoyado desde 2015 me preguntaban por qué estaban poniendo a esos candidatos. Yo no sabía qué responder. Me lavé las manos, les expliqué que yo no tomaba ese tipo de decisiones y los canalizaba con Salomón y César Cravioto. No podía cargar con las decisiones que ellos tomaban y con las que no estaba de acuerdo, pero en el partido estamos para construir y sumar.

En Oaxaca, el proceso electoral federal para elegir a los representantes del Poder Ejecutivo y Legislativo se emparejó con los comicios locales, donde se vota por los legisladores locales y también por presidentes municipales y regidores. Por eso tuvimos cuatro meses de campaña. Desde marzo hasta junio. El calendario del proceso electoral establece que siempre inician las campañas para la presidencia de la República, el Senado y las diputaciones federales. Luego, al tercer mes, se suman las diputaciones locales, y ya en el último mes se integran las presidencias municipales.

Los candidatos a las presidencias municipales les dan fuerza a las campañas de las diputaciones locales. En ese punto, ya había un movimiento generalizado de apoyo a Morena. En todos lados se escuchaba el partido, las personas ya reconocían el logo y los colores. En todo el país se vivió un ambiente electoral muy intenso.

En algunos municipios de Oaxaca, regidos por sistemas normativos internos —los llamados de usos y costumbres—, no se celebraban elecciones municipales por partidos políticos. Así que ahí no se entregaba la boleta para presidencia municipal. Por eso siempre les aclaraba: "Aquí son cuatro boletas, compañeros", y donde sí había elección municipal por partidos, les decía: "Aquí son cinco".

Nuevamente tuve que trabajar con un presupuesto limitado. Afortunadamente, toda mi familia se unió para apoyarme. Mi mamá, con su sueldo de maestra, seguía pagando mi deuda en la caja popular, y tuvimos que pedir otro préstamo. Mis tíos y mis padrinos me cooperaron con lonas, quería tapizar el distrito, pero me tuve que conformar con una campaña austera. Morena nos daba un pequeño apoyo con lonas y playeras que no era suficiente. Caminamos así, con lo que teníamos. Detrás de la promoción existe un esfuerzo económico importante. Mucha gente no se da cuenta, pero para sostener una campaña necesitas vehículos, gasolina, comida para el equipo, un mínimo de herramientas. Mi equipo no comía aire. Sin embargo, y a pesar de que no teníamos muchos recursos, los compañeros iban encantados. Creo que, en el fondo, todos teníamos la esperanza de ganar, sabíamos que ya era posible.

Cuando decimos "contienda electoral" es porque realmente es una batalla. No es una guerra, pero sí es una lucha en el territorio. Teníamos que salir, recorrer las comunidades, enfrentarnos a otros proyectos, a otras formas de pensar y de hacer política. Hay una competencia real, y tenía que dar lo mejor para convencer a la gente.

No es cualquier cosa ir a pedir el voto. Hay que hacerlo con calidad moral, con principios, con coherencia. Dar la cara y sostener lo que dices. Es una batalla en la que no basta con hablar bonito, tienes que caminar, escuchar, responder, y sobre todo convencer. Me enfrenté a otros grupos con sus propuestas e intereses y tuve que demostrar que la nuestra era mejor. Por eso es una contienda: porque se lucha por la confianza del pueblo.

A nosotros nos ayudó muchísimo el hartazgo de la gente. Ya no querían más de lo mismo. Estaban cansados de la corrupción, del enriquecimiento de unos cuantos, de la venta de las paraestatales como Pemex, de la deuda del Fobaproa que nuestros hijos van a terminar pagando. Todo eso lo traían muy presente. Y eso fue lo que nos permitió conectar y ganarnos su confianza.

Andrés Manuel nos pidió que empezáramos a recorrer el territorio como promotores de la soberanía nacional (PSN). Este nombramiento, aunque no nos convertía aún en candidatos formales, nos permitía salir a territorio, mostrar nuestro rostro y hablar con la gente como representantes del proyecto de transformación.

Fui una de las primeras en recibir ese nombramiento. Me tocó iniciar de inmediato el recorrido por el distrito. Ya llevaba más de dos años caminando, sumando voluntades, pero ahora el objetivo era más claro. Empecé a organizar los equipos de trabajo y definir quiénes promoverían el voto, informarían casa por casa y especialmente quiénes cuidarían las casillas.

Además, tenía la experiencia previa de 2016, cuando organizamos la estructura para la elección estatal en la que Salomón Jara fue candidato a la gubernatura. En ese momento también hubo candidaturas a diputaciones locales y presidencias municipales, así que ya sabía lo que implicaba armar una estructura territorial sólida.

Eso implicaba una coordinación enorme, tanto en lo logístico como en lo político. Me tocó organizar a los PSN en los distintos niveles —federal, estatal y municipal—, y reclutar a quienes serían nuestras y nuestros candidatos. No fue fácil, porque a pesar del entusiasmo, todavía había mucha desconfianza, incluso dentro de los propios grupos de izquierda. En mi caso, tuve que cargar con tres grandes responsabilidades: la promoción de la candidatura presidencial de Andrés Manuel, la del Senado y la de mi propia diputación. En cada recorrido hablaba de los tres. Lo más gratificante fue ver cómo la ciudadanía estaba más receptiva. No era como en 2015, cuando me cerraban las puertas. Ahora había esperanza. Escuchabas en las comunidades frases como "es ahora o nunca", y se sentía que realmente la gente quería un cambio. Morena ya era un partido político reconocido. La gente estaba convencida de que el país necesitaba un cambio. La ciudadanía estaba inconforme con la corrupción y querían participar en las elecciones de manera consciente. Incluso si no ganaba, al menos había puesto mi granito de arena para despertar la conciencia ciudadana. No era fácil volver a pedir apoyo, sobre todo cuando ya me identificaban por ser mujer, por ser indígena, por haber caminado antes.

Política de paridad

Uno de los mayores retos que enfrenté durante la organización electoral fue cumplir con la paridad de género, especialmente en las elecciones municipales. La normativa exigía que los partidos postularan el mismo número de hombres y mujeres, la realidad en las comunidades era muy distinta. Me costó mucho trabajo convencer a las mujeres de participar. Aunque decían con firmeza que era tiempo de apoyar a Morena, en muchos casos ellas no querían ser candidatas, y no por falta de capacidad, sino por las barreras sociales y culturales. Algunas tenían que pedir permiso a sus esposos, y en más de una ocasión tuvimos que hablar directamente con los hombres para obtener su autorización. Había esposos que decían cosas como: "Mi esposa no sabe nada, se la van a comer viva", o "si yo no entiendo, menos ella". Esas ideas reflejaban no solo el machismo estructural, sino también el miedo al espacio público que se había reservado tradicionalmente para los hombres.

Recurrimos a mujeres que tenían algún tipo de liderazgo comunitario: enfermeras, trabajadoras sociales, expresidentas de comités de padres de familia, o mujeres que habían trabajado en alguna dependencia estatal o federal. Aun así, la mayoría rechazaba la invitación. Tuvimos que rogarles, insistir, acompañarlas y convencerlas de que sí podían y que el partido las respaldaría. Era desgastante, pero sabíamos que sin su participación no cumpliríamos con la ley, ni con el compromiso político que teníamos con la equidad. Finalmente, logramos integrar fórmulas completas de hombres y mujeres como candidatas y candidatos, tanto a presidencias municipales como a diputaciones locales, al menos en mi distrito.

Hoy, curiosamente, la situación ha cambiado. Ya ni siquiera es necesario insistir. Muchos hombres postulan a sus esposas para cumplir con la cuota de género, pero en la práctica siguen siendo ellos quienes dirigen las campañas. A veces me pregunto si hemos comprendido realmente el sentido profundo de esta lucha por la paridad. Es evidente que aún queda mucho por construir, pero este proceso nos enseñó que abrir camino en contextos adversos requiere convicción, paciencia y persistencia.

Las amenazas

En ese momento, Morena no era el partido dominante en Oaxaca. El PRI seguía muy arraigado, y mucha gente no creía que fuéramos a ganar. Así que no solo enfrentábamos resistencias culturales, sino también políticas.

Mi equipo era en su mayoría de jóvenes. No sé cómo fue que se formó así, pero ellos le entraban con todo, con entusiasmo y sin miedo. Las jornadas eran extenuantes: recorríamos comunidad tras comunidad, dormíamos apenas dos o tres horas y a las cuatro o cinco de la mañana ya estábamos cargando las camionetas con lonas, trípticos y lo necesario para salir. Siempre comenzábamos desde la última comunidad para irnos acercando. Sentía una gran responsabilidad con ellos. Quería cuidarlos. Ellos conocían mi situación, y ellos decidían si querían andar conmigo. Me preocupaba porque siempre tuvieran al menos comida, una playera, un distintivo, porque había zonas de alto riesgo y no se puede exponer así a los compañeros. No me gustaba viajar de noche. Prefería que nos quedáramos a descansar en las comunidades que visitábamos, aunque tuviéramos que salir de madrugada. Ya no me preocupaba por mí, sino por cuidar al equipo.

En muchos de los recorridos de campaña tuvimos que pasar por las localidades donde se encontraban las organizaciones antagónicas del MULT. Cuando íbamos a Juxtlahuaca, Carrizal o Putla pasábamos volando. El chofer le pisaba con todo al acelerador, aunque fueran curvas peligrosas, porque nuestra seguridad estaba en riesgo.

Empecé a recibir mensajes y amenazas por redes sociales como Facebook y Twitter. Me acusaban de ser hija de un terrateniente, de un cacique y de un paramilitar. Me llamaban asesina, decían que en mi pueblo había matado a mucha gente. Algunos mensajes eran directos y agresivos: "Eres una asesina", "Tu papá es un asesino", "¿Cuántos hombres triquis mataste?". Era un ataque constante. Y aun así tenía que seguir. Tenía que saludar a personas sabiendo de dónde venían, sabiendo el daño que le habían hecho a mi pueblo. Tenía que sonreír, como si nada pasara, y decir que íbamos a sumar, porque ya no hablábamos solo del movimiento del MULT, sino del movimiento nacional de Morena.

En mi distrito había muchos focos rojos, como Santo Domingo Yosoñama, San Juan Mixtepec, La Nopalera y Zimatlán, donde los conflictos entre comunidades estaban activos, pero teníamos que pasar. Una vez, yendo a Putla después de visitar Monteverde, nos recomendaron tomar una ruta alterna porque la habitual estaba bloqueada por troncos y piedras debido a la lluvia. Nos dijeron que podíamos esperar a que la abrieran, pero algunos compañeros insistieron en avanzar por un camino más corto, aunque más riesgoso. Aceptamos.

Pasamos por la zona de La Nopalera con Zimatlán, donde había un conflicto fuerte. Hoy ya se pacificó, pero en ese entonces era otra cosa. Eran las cinco de la tarde, cuando dimos la vuelta en una curva y comenzamos a escuchar balazos. Le grité al chofer: "¡Písele, písele!". Había dos salidas posibles hacia la carretera y tomamos una al azar. Afortunadamente, era la que nos llevaba a la vía principal. En plena balacera logramos resguardarnos. Poco después, una camioneta se detuvo y nos advirtió: "¡Muévanse! No pueden quedarse aquí, los balazos están fuertes". A pesar de que frente a la camioneta traíamos una bandera de Morena para que supieran que éramos una brigada de campaña, no les importó y siguieron disparando. Corrimos a toda velocidad sin detenernos hasta llegar a Taxiaco. En esos momentos yo solo pensaba en los jóvenes que venían conmigo. Traía la adrenalina encima, solo queríamos llegar a Tlaxiaco. Nadie decía nada, pero todos veníamos tensos. Esa situación me hizo reflexionar sobre los riegos que no quería tomar, especialmente si a los que arriesgaba era a otros. Nuevamente mi necesidad de proteger a los demás se hizo presente.

El 28 de junio inició la veda electoral. Ya no podíamos hacer actos de campaña, ni colocar o distribuir propaganda. Aproveché esos días para ver a mis hijas. Desde 2015, muy rara vez estuve con ellas. Vivían en la Ciudad de Oaxaca con mi mamá y mis hermanas porque los constantes viajes que hacía no me permitían estar al pendiente de sus necesidades. Yo parecía el personaje de la película *A toda máquina* de Pedro Infante que decía "Ya llegué vieja, ya me voy vieja…". Llegaba a la casa solo para cambiarme de ropa y agarrar mi maleta. Su papá también estuvo conmigo, dirigió las campañas, organizó las brigadas y armó la estructura electoral. Ernesto tenía más posibilidades de estar con ellas, pero mis hijas también me necesitaban a mí. No pude tener una vida familiar como hubiera querido. Me hubiera gustado aprovechar más a mis cachorritas, que, aunque ya estaban en preparatoria y secundaria, las extrañaba mucho. Todas las noches lloraba recordando sus caritas. Mis dos niñas representaban la paz y la esperanza que necesitaba para continuar con mi lucha. A veces me preguntaba si las merecía. Cada vez que tenía una oportunidad salía corriendo a Oaxaca para verlas. No las llevaba a las campañas porque temía exponerlas, y mi miedo aumentó cuando empecé a recibir amenazas. No quería que se sintieran abandonadas. Por eso aproveché esos últimos días para convivir con ellas, estar en la casa, disfrutarlas, comer juntas.

El domingo 1º de julio de 2018 decidí estar sola. Salí a votar muy temprano. Me tocó hacer fila porque la casilla estaba llena. Compré algo para desayunar y me regresé al departamento que rentaba en Tlaxiaco. Mi equipo se concentró en las oficinas. Estuve todo el día en mi recámara, descansando. Mi plan era esperar los resultados preliminares y regresarme a Oaxaca. No estaba nerviosa, ya sabía lo que era perder y tenía la conciencia tranquila. Había aportado al movimiento mi granito de arena y me sentía satisfecha. A las seis de la tarde se cerraron las casillas para que el Instituto Electoral del Estado de Oaxaca comenzara la labor de conteo. Ahí estaban los representantes de todos los partidos.

Los primeros resultados que se anunciaron fueron los correspondientes al Ejecutivo. En las ciudades más cercanas, como Tlaxiaco, Putla, Juxtlahuaca y Huajuapan, Morena encabezaba la lista de ganadores. Los compañeros que estaban en la oficina se empezaron a emocionar, pero me tocó tranquilizarlos. No quería que más tarde se decepcionaran. A las 11 de la noche, en cadena nacional, se anunció que Andrés Manuel ya era el virtual ganador. No lo podía creer. ¡Yo anduve caminando con ese señor que ahora era el presidente de la República! ¡Yo era parte de su proyecto! En la calle, se escuchaban cuetes. Las personas tocaban el claxon de sus carros. Era imposible no emocionarse. La alegría se sentía en el aire. Empecé a llorar.

Como al cuarto para la una me informaron que Salomón Jara y Susana Harp, la fórmula que iba para el Senado por Morena, ya eran ganadores. Me empecé a poner muy nerviosa. Un poco después mi teléfono sonó: "Licenciada, acaba de ganar...". Me llegaron mensajes de Putla, de Mesones, de Constancia, de Santa María Zacatepec, de Huajuapan, de San Martín Zacatepec, de Tlaxiaco, de todos los lugares donde hicimos equipos. Mi teléfono no paraba. Los whatsapp llegaban en cascada sin que pudiera asimilar bien a bien lo que leía. Me enviaban las fotos de las mantas de los conteos de las casillas. Yo pensaba: "Dios mío, ya está... ¿y ahora qué hago?".

Estaba intentando agradecer todas las felicitaciones cuando tocaron la puerta del departamento. Me asusté por la hora. Abrí: "Felicidades, diputada...". Eran mis compañeros que venían por mí para llevarme a la oficina. Pedimos comida para festejar.

Al día siguiente salí rumbo a Oaxaca para reunirme con mi familia. Tenía una sensación extraña entre alegría y preocupación. Sabía que venían días de muchísimo trabajo. Asumí el compromiso de responderle a toda la gente que me abrió las puertas de su casa y creyó en el movimiento.

Seguiría peleando, pero esta vez desde el Congreso.

Capítulo 17

PRIMERA LEGISLATURA

Mi primera batalla como diputada federal fue conseguir que mi suplente, Virginia Merino, asumiera la diputación plurinominal.

Parte de la negociación entre el MULT y Morena, encabezada por Salomón Jara, fue que le darían un espacio en la Diputación local, pero sería mujer y le dieron el número 5, por lo que Emelia decidió apoyar en lo local y ella recomendó proponer a Virginia como mi suplente. Yo gané por mayoría relativa, pero el espacio de la plurinominal quedaba vacante. La ley del INE establece que, en estos casos, la suplente puede asumir ese lugar de forma automática. Entonces, con el equipo electoral, decidimos presentar un recurso jurídico para hacer valer ese derecho. Metimos los papeles, pero nadie nos hacía caso. Todos estaban en la fiesta. No nos pelaban ni en Oaxaca ni en la Ciudad de México. Estuve insistiendo hasta que por fin el INE reconoció a Virginia como diputada. Con este espacio, Andrés Manuel cumplía al doble su acuerdo con el MULT. Éramos dos mujeres triquis en el Congreso; sin embargo, como ninguna de las dos teníamos suplente, no podíamos faltar a ninguna reunión y el trabajo se multiplicó. Además había una diputación local que Salomón no cumplió.

A los pocos días de la elección, me hablaron de Morena para concretar la primera de una serie de reuniones que tendríamos los diputados y senadores electos con Andrés Manuel. Me acuerdo que esas primeras reuniones se hacían en hoteles en la Ciudad de México porque aún no teníamos un lugar específico. Desde el principio, López Obrador fue muy claro con nosotros. Nos dijo que habría un solo proyecto nacional, que todos íbamos a caminar juntos. "Eso es lo que le dijimos al pueblo, y eso es lo que vamos a cumplir". Nos explicó que los recursos iban a ser para los que menos tienen y que el partido ya tenía una estrategia armada que contemplaba la educación, la salud, la seguridad, el trabajo… y que nos íbamos a enfocar en la cuestión social. Los dirigentes de Morena ya habían elaborado un plan de trabajo y todos teníamos que seguirlo.

Yo creí equivocadamente que cuando llegara al Congreso iba a pelear presupuesto para mi distrito, porque yo nunca había sido diputada federal y no sabía cómo era. Pensaba que cada uno gestionaba desde su espacio. Pero ahí entendí claramente que ahora estaba sujeta a un plan nacional marcado por el movimiento. Con Andrés Manuel, nos comprometimos a luchar para sacar adelante ese proyecto único por el que la gente había votado.

Para asumir mi cargo como diputada federal, tuve que tramitar mi constancia de mayoría en Tlaxiaco. Llegué a la hora acordada. Me dio mucho gusto encontrarme a varios de los compañeros que me habían apoyado en mi candidatura. Me esperaban afuera, aquello parecía una fiesta. Estaban todos animados, muy alegres. Aproveché para explicarles lo que nos había dicho López Obrador. "Es un proyecto para todo el país. Yo no voy a trabajar solamente para el distrito, pero ese trabajo va a tener un impacto aquí también". Pensé que me iban a cuestionar, pero respondieron: "Si eso dijo Andrés Manuel, pues hay que esperar". Estaban muy contentos, para ellos, lo importante era que Morena había llegado al poder y que por fin iba a haber un cambio que implicaba una nueva manera de trabajar desde el gobierno.

Ya con la constancia de mayoría en mano, regresé a Oaxaca. Fui a mi casa por otros documentos que necesitaba. Aproveché para estar con mis hijas. Me ayudaron a meter en una carpeta mi CURP, el acta de nacimiento, las credenciales… Se me ocurrió hacer café y nos sentamos a platicar. "A partir de ahora, voy a estar más en la Ciudad de México que en Oaxaca. Si no nos veíamos tan seguido antes, pues ahora va a ser más difícil…". Les pedí disculpas. Durante las campañas podía ir y venir de las comunidades, y por lo menos estaba cerca de ellas, pero vivir en otra ciudad complicaba aún más nuestra relación. Estaba dentro de una estructura donde había alguien que nos coordinaba, que nos decía qué teníamos que hacer, por qué íbamos a luchar, a qué le íbamos a entrar. Cuando trabajaba en el distrito, yo hacía mi propia agenda, me organizaba y buscaba la manera de verlas, de estar con ellas y compartir un poco de vida en familia, pero ahora ya no sería así. Tenía que adecuarme completamente al proyecto nacional y mi vida personal ya no dependía de mí. Mis niñas me entendieron, aunque se veían tristes. Metí mi ropa en una maleta y a la mañana siguiente salí rumbo a la Ciudad de México.

Así como llegué de Oaxaca, me fui directo al Congreso de la Unión para tramitar mi registro como diputada federal. Ya teníamos fechas asignadas por apellido, y como soy Pérez López, pues me tocó al final. Desde que me formé me sentí extraña. Todo era "diputada por aquí, diputada por allá", demasiada amabilidad. Yo no estaba acostumbrada a toda esa atención. Era raro, pero no me cohibí, pensé: "Me mandaron a registrarme, a eso vine". Nunca había entrado al Congreso, y obviamente un edificio así impone. Vengo de una comunidad pequeña, de un lugar donde todo es más cercano, más sencillo. Entonces, llegar a un espacio tan grande, con tanta historia, con tantos protocolos, sí me impactó, especialmente porque sentí el peso de la responsabilidad que adquiría al estar ahí.

Políticos después de todo

Me topé con varios personajes de la política nacional que yo veía en la televisión o escuchaba en las entrevistas de la radio. Políticos con años de experiencia, que salían en las noticias de los periódicos. Algunos que se creían "intocables" y se comportaban como si estuvieran en un nivel superior. A los de Morena nos veían con desprecio. La verdad, a mí me daba lo mismo su arrogancia. Yo estoy acostumbrada a la lucha, y me reía de eso. Desde niña me acostumbré a esas actitudes y no me sorprendí de encontrarme personas así en el Congreso. Venían de todos los partidos, pero la mayoría eran panistas. Los del PRI, por lo general, se portaron atentos con nosotros. Eran estadistas, políticos al final de cuentas.

Después de hacer mi registro, me entrevistaron para el Canal del Congreso. Me preguntaron cuál era mi objetivo como diputada federal y hablé acerca de las necesidades de mi pueblo triqui y de las comunidades que representaba. Mientras recorría los pasillos de ese edificio, me di cuenta de todo lo que tenía que aprender. Estaba ahí para hablar por un distrito, hombres y mujeres que habían votado por mí y me dieron su confianza. Una cosa es que me vieran como indígena y otra muy distinta es que me crean pendeja. Yo no había llegado ahí para dejarme. Leí todos los documentos, libros, leyes y protocolos que me recomendaban, pregunté todas las dudas que tenía, me informé acerca de los procesos del Congreso porque quería hacer un buen papel.

Renté un departamento pequeño en la Ciudad de México porque nos informaron que nuestra agenda se concentraría en la capital. Una vez que todos los legisladores, senadores y diputados federales de Morena tuvimos nuestro registro, nos citó Andrés Manuel para marcarnos la línea, es decir, para explicarnos qué íbamos a hacer en esta legislatura. A los diputados federales nos consignó la responsabilidad de aprobar el presupuesto para los apoyos sociales. Nos dijo: "La mayoría de ustedes son nuevos aquí, pero vienen de la lucha social, desde abajo, y saben lo que eso representa. Ahora tienen que dar la cara en el Congreso, no hay que minimizarse, al contrario, hay que defender el proyecto que hemos construido para pueblo de México".

Ese discurso me hizo entender que estábamos enarbolando un propósito nacional, que yo era parte de él y que para defenderlo tenía que forjarme un carácter fuerte como el de mi abuela cuando balearon nuestra casa en Copala o el que demostró mi mamá en el retén. Decidí que no me iba a intimidar ante la experiencia de nadie, porque si me hacía chiquita, así verían a mi distrito. Pensé: "No puedo verme débil ahora, tengo que ponerme chingona. Por algo confiaron en mí, porque vieron a una mujer fuerte...". Yo no había venido a sobajarme, sino a exigir lo que por derecho nos pertenece a los indígenas de México.

Aurora

Una tarde nos avisaron que se habían terminado las reuniones en hoteles y nos convocaron en el auditorio Aurora Jiménez del Congreso de la Unión. En este recinto, nombrado en honor a la primera diputada federal, comenzó el cabildeo interno de Morena para elegir al coordinador de bancada y a los representantes, secretarios e integrantes de las diferentes comisiones que representaríamos en el pleno.

Me sorprendió que Dolores Padierna fuera la única mujer que se postuló para ser coordinadora de bancada; todos los demás candidatos eran hombres. Me acerqué a ella y le compartí mi impresión. "Bety, es que tú no viste cómo era esto antes. Ahora ya somos más mujeres, pero nos ha costado mucho más que a ellos llegar hasta aquí. Entiendo por qué muchas no se registran, nos falta confianza, dudamos de nosotras mismas, pero yo sí creo que hay mexicanas capaces de ocupar puestos de poder. Las mujeres hemos hecho la lucha desde abajo, hoy son ellos los que están arriba, pero poco a poco vamos a lograr la paridad…". Padierna me hizo ver que, aunque en ese momento se notaba visiblemente que había más mujeres presentes, los hombres seguían teniendo el control de los espacios de poder. Ellos dirigían el cabildeo y tomaban las decisiones de fondo.

Me hubiera gustado votar por ella, pero ya tenía un compromiso con Mario Delgado, le había dado mi palabra y yo cumplo, soy leal con quien ayuda a mis compañeros y soy coherente con mi palabra. Unas semanas antes me enteré de que habían asesinado a uno de mis compañeros, y me acerqué a él para pedirle ayuda. A los pocos días, me avisó que el gobernador de Oaxaca, el priista Alejandro Murat, estaba en toda la disposición de atender el caso.

Después, en una reunión en Oaxaca, Mario se presentó con todos los diputados de Morena y nos explicó que tenía la intención de ser el coordinador de la bancada. Quería saber si podía contar con nuestro apoyo. Nos ofreció la posibilidad de establecer comunicación por la vía institucional en nuestros distritos para resolver los problemas internos, y puso como ejemplo mi caso. Se comprometió a ayudarnos y a servir de enlace entre nuestros estados y el gobierno federal. Nos dijo que solo quería saber con quién podía contar, y que no nos preocupáramos, que no habría represalias contra nadie. Dijo también que entendía si alguien no lo apoyaba, porque cada uno debía apostar por quien le generara confianza. Le dije que no sabía que aspiraba a ser coordinador, pero que contaba conmigo.

El día que votamos para elegir a nuestro coordinador, yo apoyé a Mario, pero me dio mucha pena que Dolores no ganara. Creo que habría sido una excelente primera coordinadora. Sin embargo, la elegimos vicepresidenta de la Mesa Directiva. Ahí entendí que la verdadera política está en el cabildeo, en convencer a los tomadores de decisiones para que trabajen contigo.

Mi sangre triqui

El 29 de agosto de 2018 los diputados de la LXIV Legislatura rendimos protesta en el Palacio Legislativo de San Lázaro. Estaba muy nerviosa, no pude dormir la noche anterior. Ese acto solemne era como la medalla que les dan a los corredores después de un maratón. Era el símbolo que sellaba años de lucha colectiva de mi pueblo para que su dignidad fuera reconocida ante todo el país. Mi suplente, Virginia, y yo, vestimos con toda la elegancia nuestro huipil rojo. Me acompañaron mis papás, mi esposo, mis hijas y algunos amigos. Fue la primera vez que entré al pleno. Me impresionó verlo así: amplio, grande, gris… como tantas veces lo había observado por televisión y por momentos no podía creer que ahora estaba yo ahí.

Por primera vez en la historia de nuestro país, la mayoría de los diputados éramos de izquierda. Fue una locura, poco a poco el foro se convirtió en una fiesta. El grito de "es un honor estar con Obrador" se escuchaba sin cesar. Era un grito de júbilo, de victoria. Por fin, después de tantos años, me tocó ver a una derecha minimizada, y me sentí orgullosa de lo que habíamos logrado. Durante décadas, el PRI y el PAN parecían invencibles, pero poco a poco se fueron desdibujando dentro del mapa de la política nacional. Nos fuimos con todo en contra de ellos. Aprovechamos para sacar todo el coraje que durante años nos habíamos guardado. Ellos fueron los responsables de la política de seguridad nacional que resultó en el asesinato de indígenas, la desaparición de luchadores sociales, los miles de presos políticos, la violación sistemática de los derechos humanos, la violencia y el abandono de los más pobres. Muchos de los diputados de esa legislatura veníamos de organizaciones civiles y sociales, traíamos compañeros desaparecidos, muertos, encarcelados y ahora por fin éramos más que ellos. Nuestro objetivo no era hacerlos menos, pero sí quitarles los privilegios que durante décadas ostentaban.

En presencia de los legisladores y nuestros invitados rendí protesta. Juré respetar la Constitución y desempeñar lealmente el cargo para el que me habían escogido. Mientras caminaba de regreso a mi lugar, vi a mi compañera Virginia vestida con su huipil, y no pude evitar llorar. Pensé en Copala. Los triquis llevábamos generaciones luchando por salir a la luz pública. Fuimos perseguidos y juzgados por defendernos, y ahora, a nivel nacional, un huipil triqui —símbolo de las mujeres de mi comunidad, del corazón mismo de nuestro pueblo— estaba siendo visto por todos.

En ese momento sentí que habían valido la pena la lucha, el esfuerzo y los años de resistencia. Tenía sentimientos encontrados. Nunca imaginé estar dentro de la vida política del país y que llegaría a ese lugar donde se toman las decisiones que afectan directamente a nuestras comunidades, a nuestros bolsillos, a nuestras familias.

Ver ese huipil ahí me hizo sentir que, aunque fuera un pedacito, los triquis estábamos presentes en la Cámara. Ese día juré que no me iba a quedar callada, que mi sangre triqui me daría la fuerza para defender a todos los pueblos que visité, a los que fui a ver, a los que convencí. Todas esas voces que traía conmigo eran una carga muy fuerte. Desde ese día me exigí muchísimo porque asumí el compromiso de hacer un buen trabajo, el más digno que me fuera posible.

Reglas claras, proyecto único

Como líder de la bancada de Morena, Mario Delgado propuso que elaboráramos un reglamento interno. Lo primero que acordamos fue establecer reglas claras sobre el funcionamiento de la bancada, incluyendo criterios para el cabildeo y la organización interna. Decidimos actuar con austeridad y sin privilegios, como una forma de diferenciarnos de las legislaturas anteriores. También definimos los lineamientos para la distribución de comisiones y los perfiles que podrían aspirar a presidirlas.

A la semana siguiente, comenzamos a reunirnos con los integrantes del gabinete de la Cuarta Transformación. La primera en presentar su plan de trabajo fue Olga Sánchez Cordero, próxima titular de la Secretaría de Gobernación. Luego siguió Marcelo Ebrard, quien expuso la estrategia de la Secretaría de Relaciones Exteriores, y así sucesivamente, cada secretario compartió sus prioridades. Estas reuniones nos permitieron alinear el trabajo legislativo con el del gabinete, conocer a fondo sus proyectos y definir cómo respaldarlos desde nuestras comisiones.

Mario Delgado Carrillo, como presidente de la Junta de Coordinación Política (Jucopo), se reunió con los coordinadores de las distintas bancadas para acordar cómo se distribuirían las comisiones legislativas entre los partidos. En esas negociaciones, cada grupo parlamentario buscaba asegurar un número equitativo de comisiones, pero también influir para obtener aquellas de mayor relevancia, como Hacienda o Presupuesto. Estas reuniones implicaban un proceso de consulta intenso, ya que todos los partidos querían presidir las comisiones estratégicas que definen el rumbo legislativo y el control de los recursos.

Después se dio inicio al proceso de cabildeo interno para definir cómo estarían integradas las comisiones. Ahí comenzaron las gestiones de quienes aspiraban a presidir comisiones clave como

Salud, Hacienda, Presupuesto o Pueblos Indígenas. Sin embargo, cuando Mario Delgado informó cómo quedarían distribuidas oficialmente, explicó qué comisiones serían para Morena y cuáles se habían asignado a otros partidos, como el PAN. Ya se había negociado la repartición general entre las fuerzas políticas, por lo que algunas comisiones ya no estaban disponibles para nosotros, pero podíamos participar en otras.

Algunos de mis compañeros me presionaron para que buscara presidir la Comisión de Pueblos Indígenas. Me acerqué a Mario, le dije que iba a participar y me dijo que juntara las firmas, porque él no podía intervenir y que apoyaría a quien ganara porque ya no había "dedazo" y debíamos hacer las cosas de forma transparente, distinta. Lo entendí. La verdad es que, al principio, yo no me había metido en el tema del cabildeo porque no estaba interesada en presidir una comisión. Ya casi eran cuarto para las nueve cuando reaccioné. Me presenté con los compañeros y les hablé de mi experiencia. Les conté sobre los años de lucha que llevamos, sobre mi historia como mujer indígena, sobre las muertes de compañeros y la situación que aún vivimos los triquis. También les expliqué que eso no solo pasaba en Oaxaca, sino que era reflejo de lo que ocurre en otros estados. Hablé del desplazamiento, de la discriminación y del racismo que sufren los pueblos indígenas en Chiapas, Michoacán, Guerrero, Nayarit, Sonora… en muchas partes del país.

Para ese momento, la diputada Irma Juan Carlos, originaria de Tuxtepec, Oaxaca, ya había realizado el cabildeo necesario y se había adelantado en el proceso. Finalmente, ella quedó designada como presidenta de la Comisión de Pueblos Indígenas en el Congreso de la Unión, y yo me integré como miembro de la comisión.

A mí me interesaba más formar parte de la Comisión de Gobernación porque mi intención era conseguir la pacificación en Copala. Me acerqué a una compañera que aspiraba a presidir esa comisión, y ella me ofreció ser la secretaria. Le dije que contara conmigo. Otros diputados me propusieron sumarme a sus proyectos, pero yo soy una persona leal, y cuando doy mi palabra la cumplo. Así me enseñaron desde niña para proteger a mi familia. Sí los escuchaba, pero les decía que ya estaba con alguien más. Incluso cuando veía que se me acercaban, mejor me iba a otro lado. Nunca fui de andar con tres velas prendidas, tampoco era hipócrita, ni soy de las que se ponen de tapete ni andan con lambisconerías. En la política hay mucha gente así, pero yo no puedo con eso.

Cuando finalmente mi compañera quedó como presidenta de la Comisión de Gobernación, yo asumí el cargo de secretaria. Mario Delgado también me pidió que sumara a los compañeros que venían conmigo para apoyar a Irma Juan Carlos en la Comisión de Pueblos Indígenas. Le dije que no tenía ningún problema. Mis compañeros se sumarían, sí o sí, porque era nuestra lucha y nuestro movimiento. Creo que Mario pensó que yo iba a provocar alguna inconformidad, pero no fue así. Me quedé como secretaria en la Comisión de Gobernación, como integrante en la Comisión de Pueblos Indígenas y también en la Comisión de Sociedades Cooperativas. Decidí unirme a esta última porque en mi distrito había muchas cajas de ahorro que habían defraudado a los compañeros. Cada vez que visitaba un pueblo, me decían: "Me quitaron el dinero que me mandaba mi familia, desaparecieron como fantasmas". Quise estar ahí para investigar o al menos entender cómo podíamos compensar a los afectados. Muchas veces, estas cajas operaban sin control, porque las autoridades municipales y estatales no ponían los candados necesarios. Son sociedades financieras que se instalan en comunidades vulnerables y luego desaparecen, dejando en el abandono a muchas personas. Me parecía profundamente injusto.

A tacos de suadero

Mi primer día en el pleno fue mi verdadero despertar como parlamentaria. Ese momento marcó la manera en que asumiría mi trabajo legislativo. Estábamos en la sesión ordinaria para nombrar la Mesa Directiva del Congreso de la Unión y a los vicepresidentes de cada grupo parlamentario. No recuerdo exactamente quién fue, pero un diputado del PRI comenzó a atacarnos. Mejor no lo hubiera hecho, porque los de izquierda teníamos toda nuestra energía contenida. Apenas nos tocaban y reaccionábamos. Fue ahí donde comencé a alzar la voz. Entendí que en el Congreso estábamos todos en igualdad de condiciones y cambió mi manera de pensar: ya no veía a los diputados con más experiencia como figuras lejanas y solemnes. Ahí también yo era diputada, mi voz valía, mi exigencia tenía peso, mis propuestas contaban. Desde entonces, supe que podía y debía ejercer mi derecho a hablar, a cuestionar y a proponer en igualdad de condiciones.

Había diputados muy soberbios, pero cuando intentaban minimizarme, no me quedaba callada. Les decía: "Vergüenza deberían sentir, porque mientras ustedes presumen logros, en mi distrito están algunos de los municipios más pobres de todo el país: Santos Reyes Yucuná, San Simón Zahuatlán, Coicoyán de las Flores, Santa María Zaniza y Santiago Nuyoo. Esa pobreza extrema no es casualidad, es consecuencia del abandono histórico de los gobiernos anteriores, muchos de ellos representados por ustedes".

Les reclamaba porque esos territorios siguen sin acceso digno a salud, educación, empleo ni proyectos productivos.

En mis recorridos por esos municipios encontré muchos "hospitales fantasma", que se reportaron como concluidos y que incluso se inauguraron, pero solo eran los cascarones vacíos. No había médicos ni equipo. De esta forma se comprobaron millones de pesos del gasto público como si todo estuviera funcionando, pero solamente sirvieron para que los políticos se tomaran la foto. Todo eso lo hicieron los gobiernos priistas.

Los oaxaqueños tenemos fama de gritones porque no nos dejamos. Veníamos de la calle, éramos arrebatados y broncudos. Cuando nos asignaron nuestro lugar en el pleno, Mario nos acomodó muy cerca de él. Si necesitaba que lo apoyáramos nos decía: "¡Órale, Oaxaca!", y gritábamos lo más fuerte que podíamos y los demás nos seguían. Siempre encabezábamos los escándalos.

Con frecuencia pasábamos el día entero en la Cámara, concentrados. No salíamos ni a comer. Entonces, empezamos a llevar totopos, tlayudas, chapulines, quesillo, pan y ahí compartíamos, incluso con los diputados de otros partidos. Pero en una ocasión, una diputada panista se quejó, dijo que desde que llegamos los de Morena, el pleno olía a tacos de suadero, que no estábamos en el mercado y que debíamos tener respeto. Otro día nos quiso dar clases de etiqueta. Trató de humillarnos diciendo qué cómo nos atrevíamos a ir con huaraches. Lo que menos me interesaba en ese momento era cómo me iba a vestir, o si las sandalias combinaban con mi falda. Ella no sabía lo orgullosos que nos sentíamos de nuestra vestimenta. "Y a mucha honra —le contesté—. A mí no me dijeron que iba a trabajar de modelo, yo vengo aquí a legislar, así nos vestimos el pueblo, y qué bueno que el pueblo ya tomó el poder porque ya era hora". Mis compañeros me apoyaron, le dijimos de todo y desde ese día ya no le quedaron ganas de meterse con nosotros. En ese lugar el clasismo y el racismo están más que presentes. Los panistas seguían actuando como si fuéramos inferiores a ellos. Cada que podían nos lo hacían notar con sus comentarios.

Todos los días había un pleito por alguna frase fuera de lugar. Casi todos, en algún momento de nuestra vida, habíamos sido víctimas de ese tipo de sometimiento y ya estábamos hartos. No podíamos permitir que no se nos tratara como iguales. No sé a quién se le ocurrió, ni cómo surgió la frase de "somos pares", pero comenzamos a usarla cada vez que intentaban sobajarnos. Incluso, después nuestros oponentes comenzaron a usarla cuando se sentían rebasados por nosotros.

Algunos de mis compañeros fueron víctimas de amenazas. Aunque éramos mayoría los de Morena, muchos no estaban dispuestos a perder su poder y no sabíamos qué podían hacernos.

Austeridad

Andrés Manuel no tenía recursos asignados para el proceso de transición. En una ocasión nos citó a los diputados y senadores. Nos dijo que con nuestro sueldo se les pagaría a los primeros Servidores de la Nación, es decir, a las personas que harían el censo para designar a los beneficiarios del sistema de pensiones para adultos mayores, con discapacidad, y las becas para estudiantes de bajos recursos.

Ninguno de nosotros llegó a la Cámara con la idea de hacerse millonario, pero sí me preocupaba la deuda que mi mamá había adquirido para sostener mis campañas. En enero de 2019 cobré mi primer sueldo; por fin, comencé a pagar mis deudas y pude quitarle esa responsabilidad a mi mamá.

Me hubiera gustado poder darles más apoyo y oportunidades a las personas que me ayudaron durante las campañas, pero como diputada solo contaba con mi propio cargo, y no tenía muchos espacios para integrarlas a mi equipo de trabajo.

Además, Mario, creó un grupo especial de asesores que se encargaba de concentrar todas las iniciativas y de revisarlas. Aunque algunos compañeros podían ayudarme a redactar propuestas o revisarlas, al final todo pasaba por la aprobación de ese grupo de asesores. Por eso era más práctico apoyarse directamente en ellos, porque además me guiaban, orientaban y me indicaban cómo hacer las cosas.

Como parte del proyecto de austeridad republicana, se eliminaron muchos privilegios que tenían los diputados de las anteriores legislaturas, como vehículos, celulares, iPads, comidas, viajes. Incluso, si quería visitar mi distrito, tenía que hacerlo con mi propio dinero.

El trabajo ya de por sí era absorbente, pero se complicó todavía más cuando llegó el momento de aprobar el primer paquete económico. Presentamos el proyecto de recaudación del gobierno, y de inmediato la oposición comenzó a poner objeciones: que aquí faltaba dinero, que allá había que ajustar, que se debía priorizar otra área.

Cuando comenzaron las discusiones, aparecieron las reservas, una tras otra, porque todos querían defender recursos para sus propios intereses o modificar la forma en que se repartirían. Los dictámenes que elaboraba la comisión encargada de las finanzas, donde se definía cómo distribuir los fondos, se volvían interminables de analizar.

La primera propuesta de gasto público tenía un enfoque mucho más social, apostaba a apoyar directamente a la gente, y eso generó resistencias y críticas. En ese momento comprendí realmente lo que eran las desveladas: pasábamos jornadas enteras sin dormir, a veces hasta tres días seguidos, para sacar adelante cada dictamen y sostener la propuesta.

Además, no contábamos con las mismas comodidades que otros partidos. Con la política de austeridad, no teníamos comedor ni apoyos extra para el equipo. Nos manteníamos con tortas y cuernitos. A veces nos daban una manzana, un jugo y una barrita para resistir todo el día. En la madrugada, a las tres o cuatro, pedíamos unos tacos y a continuar trabajando. Defendimos cada peso, discutimos cada punto y construimos consensos. Fue un proceso duro, pero no había espacio para quejas. Todo el equipo estaba comprometido, firme y solidario, convencido de que trabajábamos por el país. Nadie se rajaba, y cada uno daba lo mejor de sí en las comisiones.

Recuerdo que ese primer año prácticamente llegué a media cena de Navidad a Oaxaca. Tenía tantas ganas de celebrar con mi familia, los extrañaba mucho. Platicamos, nos dimos regalos, nos abrazamos. Fue muy bonito. Deseé quedarme en mi casa, encerrada sin salir para nada. Tres meses después, el 11 de marzo de 2020, mi deseo se hizo realidad, pero no como yo quería: el covid había llegado a México.

Capítulo 18

POLÍTICA VERDADERA

A principios de 2020 apenas empezábamos a oír sobre el covid-19. La verdad es que nadie sabía bien qué era, ni cómo nos iba a afectar. Unos meses después, la Secretaría de Salud declaró la emergencia sanitaria. La epidemia se estaba extendiendo rapidísimo. Empezó el confinamiento y el distanciamiento social. Entre las actividades consideradas esenciales estaba la labor legislativa, tanto a nivel federal como estatal. Si el Congreso no sesiona, no hay leyes, ni reformas, ni presupuesto. Por eso se consideró la función parlamentaria como actividad fundamental para mantener la estabilidad institucional y la seguridad jurídica.

San Lázaro cerró sus puertas al público el 28 de marzo de 2020, y también se redujo al mínimo la cantidad de empleados. Se sugirió que el personal pudiera trabajar desde sus casas, o de plano, si tenían que ir a las oficinas, que fueran con todas las medidas sanitarias posibles. También nos pidieron que hubiera espacios más amplios para la prensa, para que pudieran seguir informando, pero guardando su sana distancia. Y claro, se pensó también en el bienestar de las y los legisladores, así como de sus familias, por eso se planteó que tuvieran acceso a servicios médicos, porque la situación estaba muy dura, y había que proteger a todos.

No nos quedó de otra más que recurrir a la tecnología, como a las plataformas digitales, para seguir con el trabajo. Pero la verdad es que al principio estaba muy limitado todo, había muy pocas herramientas, y no teníamos ni la experiencia ni la práctica como legisladores.

Las comparecencias, las mesas de trabajo, las sesiones de comisiones, todas se hacían en línea, pero se nos caía la señal, se trababan las plataformas, había desorden para tomar la palabra, y la participación era mínima. Nos tuvimos que adaptar rápido, aunque fue complicado al principio porque nunca habíamos trabajado así.

Sin embargo, la labor legislativa no se detuvo. Seguimos sesionando, aunque en un formato semipresencial, tanto en comisiones como en el pleno, para poder cumplir con nuestras responsabilidades. Fue difícil, pero no había de otra. Teníamos que sacar adelante el trabajo, a pesar de todo.

Justo antes de que llegaran las primeras vacunas a México, me enfermé de covid. Me regresé a Oaxaca y tuve que quedarme en casa cerca de un mes, junto con mi esposo y mis hijas, todos guardados. Pedí permiso en la Cámara porque no podía participar de ninguna forma, ni presencial ni remota. Aunque me conectara a las sesiones, no podía opinar ni intervenir, porque me costaba mucho trabajo hablar.

Me acuerdo muy bien de la presión que había con el tema de las vacunas, la gente estaba realmente preocupada, y con toda la razón del mundo. Fue ahí cuando Andrés Manuel decidió tomar recursos del presupuesto y destinarlos de manera directa para comprar las vacunas, porque era urgente atender la situación. Así nos tocó enfrentar la pandemia, y no fue sino hasta 2021 cuando ya empezaron a llegar las primeras dosis, lo que nos permitió ir retomando poco a poco algunas actividades presenciales y seguir avanzando con el trabajo legislativo.

El Plan Nacional de Vacunación se organizó en cinco fases, priorizando siempre a la gente con mayor riesgo de contagio.

Otra vez a caminar

Estábamos en plena pandemia y poco a poco tuvimos que reincorporarnos a las reuniones públicas con las medidas necesarias, cuando nos llamó Andrés Manuel para decirnos que otra vez nos tocaba hacer campaña. La verdad yo ya no quería, estaba cansada, pero ¿cómo le decía que no al presidente?

Mi equipo, en el distrito, ya estaba listo para salir a caminar. Las campañas internas empezaron entre diciembre de 2020 y enero de 2021, y la campaña electoral arrancó el 4 de abril, con dos meses por delante. Para no meterme en problemas de delitos electorales, me iba viernes, sábado y domingo al distrito, y el lunes ya regresaba a México para trabajar martes, miércoles y jueves, y luego otra vez salir al territorio.

A diferencia de las campañas anteriores, ahora ya habíamos hecho trabajo territorial y la respuesta de la gente era positiva. Por ejemplo, muchos de los municipios que yo recorrí cuando andaba en campaña o cuando iba a reuniones eran de terracería, y ahora ya contaban con carreteras pavimentadas. De los proyectos que más me llenan de orgullo, sin duda están los caminos artesanales. Fue un esfuerzo verdaderamente transformador, porque permitió atender comunidades que habían estado olvidadas durante décadas. Estos caminos se construyeron con la visión de la Cuarta Transformación, impulsada por el gobierno federal, para llevar carreteras a zonas indígenas y rurales, pero no desde el esquema tradicional de la obra pública, sino con un enfoque profundamente comunitario.

Lo más valioso de este programa es que se hicieron con la participación directa de la gente. Las propias comunidades aportaron su mano de obra, sus conocimientos, sus saberes, y también participaron en la planeación y el diseño, lo que les dio un enorme sentido de pertenencia. Así no solo se construyó infraestructura, sino que se reforzó la identidad de cada pueblo, se generó empleo local y se reactivó la economía de las familias.

Yo misma pude atestiguar el impacto de estos caminos en mi distrito. Andrés Manuel visitó Santos Reyes Yucuná, uno de los pueblos más pobres no solo de Oaxaca, sino de todo el país, y que forma parte del distrito 6 que representé como diputada. Allí se construyó el primer camino artesanal. Fue realmente emocionante ver cómo la gente se organizó y participó hombro con hombro para construir su carretera. Creo que ese programa marcó un antes y un después en la historia de la comunidad.

Estos caminos artesanales son mucho más que una carretera: representan justicia social. Son una respuesta a la deuda histórica con los pueblos indígenas, porque les devuelven dignidad, les reconocen derechos, y además abren oportunidades para acceder a la salud, la educación, el turismo y el comercio.

Me acuerdo de que en las precampañas de 2016 acompañé a Andrés Manuel a San Juan Ihualtepec, un municipio completamente panista, donde solamente cinco personas salieron a recibirlo. Esas cinco personas eran migrantes que venían de la Ciudad de México, que ya lo conocían de allá. Éramos más del equipo que los propios habitantes. Pero cuando me tocó regresar en 2019, ya como diputada, fue todo diferente, porque ya habían recibido apoyo para su carretera y para programas sociales. No hubo revancha política. Esta vez hasta nos invitaron al palacio municipal y estaban agradecidos. Incluso, los caciques de las comunidades, que antes no nos recibían, ahora sus propias familias nos abrían la puerta. Los adultos mayores estaban felices con su apoyo.

Para 2021, donde antes había resistencia, ahora nos decían: "Échenle ganas, ustedes nos representan, no dejen solo al viejito". Eso me emocionó mucho, porque ya hablaban con otro tono, con confianza y con esperanza, porque de eso se trata la política, de no hacer diferencias nada más porque alguien no votó por ti. El gobierno debe ser para todos.

Ya existían también las becas escolares y programas como Sembrando Vida. Los adultos mayores estaban contentos con su pensión. Las madres también estaban más tranquilas con los beneficios para sus hijos en las escuelas. No es que ya tuviéramos asegurado el triunfo, pero sí se notaba que la gente estaba muy agradecida con el proyecto, y yo lo vi clarito recorriendo esos municipios que el Coneval había considerado de los más pobres.

Ahora, con todos estos apoyos, hasta los líderes comunitarios, que antes ni nos querían recibir, nos abrían la puerta con confianza, sabían que veníamos a sumar. Eso no pasaba antes. Además, el presidente Andrés Manuel ya había visitado la Mixteca como presidente de la República, y eso también generó mucho ánimo, la gente nos recibía muy bien.

Durante la pandemia, lamentablemente no pude recorrer las comunidades porque todos estábamos guardados, y eso hizo muy difícil llevar el mensaje. Yo usaba las redes sociales para informar de lo que hacíamos en la Cámara, aunque la verdad todavía no me acomodaba mucho con la tecnología. Subía capturas de pantalla de las sesiones virtuales y explicaba que seguíamos trabajando. Las iniciativas no paraban, la gente mandaba propuestas de salud, de seguridad, de impuestos, de gobernabilidad, y había que darles seguimiento, aunque se trabajara desde casa. Una gran parte de la población ya se había sumado al proyecto y confiaba en el presidente. Me animaba mucho ver cómo nos decían: "Échenle ganas, nosotros confiamos en ustedes", porque reconocían los resultados.

Además del trabajo legislativo, yo hacía gestión. Por mis propias experiencias en Copala y con mi familia, a veces donaba cosas, pero no me gustaba tomarme fotos ni andar presumiendo. Si llegaba una petición urgente, yo de mi salario aportaba, y mis compañeros del equipo eran quienes entregaban, como en la pandemia, cuando llevaron despensas, medicinas, cemento para escuelas. Yo no iba, todo lo canalizaba con el equipo, y así se resolvía.

También procuré que las dependencias escucharan a las comunidades. Desde 2018 busqué que los funcionarios atendieran directamente a los pueblos, porque no me gustaba llegar sola a decir lo que pasaba; prefería que las personas afectadas fueran y lo expresaran ellas mismas. Eso me ayudaba mucho, porque, aunque los funcionarios decían que no podían cumplir todo, al menos escuchaban. Cada gestión la respaldaba con oficios, se los enviaba al Palacio de Gobierno, con folio y toda la información correcta, para que no quedara duda, y cuando veía a los secretarios les decía: “Aquí está la petición”. Así logré muchas reuniones, tanto en México como en Oaxaca, y la verdad no me puedo quejar porque sí me abrieron las puertas.

Ese tipo de atención creo que fue clave para que la gente se sintiera escuchada y apoyada. Por eso en la campaña de 2021 ya no encontré tantas resistencias como en 2015 o 2018. A veces me pedían reuniones, pero ya no podía ir, porque conforme fueron pasando las elecciones el INE también se fue poniendo más estricto con nuestras agendas. Nos decía a dónde podíamos ir y con quién recorríamos. No nos permitían ir a ningún lugar que no estuviera previamente autorizado. El personal del INE que revisaba nuestra ruta incluso llegaba antes que nosotros a los puntos programados, para verificar todo. Así fue como tuvimos que caminar durante esas campañas.

Reelección

En esas giras, mucha gente me cuestionó el tema de la reelección. Yo tampoco estaba de acuerdo. Con la reforma electoral de 2014 se abrió la puerta a la reelección consecutiva del Poder Legislativo. En el caso de nosotros, los diputados federales, se permitió que pudiéramos reelegirnos hasta por cuatro periodos seguidos, o sea, que una persona podría estar hasta 12 años continuos en la Cámara. Aunque había condiciones. Para empezar, solo podíamos buscar la reelección por el mismo partido que nos había postulado la primera vez, a menos que hubieras sido candidato independiente. Cada partido tendría que decidir en sus propios estatutos cómo iba a seleccionar a sus aspirantes para reelegirse. La idea era que con la reelección la gente pudiera exigirle cuentas directas a su diputado, y que así mejorara el trabajo parlamentario. Pero, para ser honesta, generó muchas discusiones, porque no todo mundo veía bien que se quedaran tantos años en el mismo cargo.

Lo presentaban como "continuidad libre", pero en realidad era reelección. Esos eran intereses que se movían allá arriba, y como yo formaba parte de este proyecto, tenía que seguir caminando. Si no lo hacía, de inmediato me señalaban como traicionera, como alguien que no apoyaba el movimiento ni la Cuarta Transformación.

Sentía una gran contradicción, por un lado, estaba en contra de esa práctica, pero por el otro no quería abandonar el movimiento. Fue un proceso de reflexión interna, y finalmente lo consulté con los compañeros. Les expliqué con claridad que no estaba de acuerdo con esa decisión, pero que si contábamos con el respaldo de Andrés Manuel, entonces seguiría adelante.

Me enteré de que unas mujeres indígenas estaban compitiendo por el espacio que estaba representando, por eso no hice espectaculares. Me limité únicamente a conceder entrevistas y a colocar unas cuantas lonas, ya que consideraba que ellas competían en condiciones desiguales, dado que yo ya ocupaba la diputación. Por esa razón no consideraba justa la reelección, creo que debe haber congruencia entre lo que dices y lo que haces.

Además de la reelección de diputaciones federales y locales, también se elegirían presidentes municipales. Antes nos costaba muchísimo trabajo encontrar candidatos, y de pronto todos querían sumarse a Morena. Ahí empezó el famoso *chapulineo*: políticos que habían hecho toda su carrera en el PRI, el PAN o el PRD ahora aparecían perfectamente alineados en Morena. La verdad, yo no podía confiar en ellos, porque sabía bien que solo venían por interés personal y no tenían ningún compromiso con el movimiento.

Lo peor era que Morena decidía quiénes serían los candidatos, y yo no podía hacer ni decir nada. La gente me reclamaba, me enviaba mensajes por redes sociales, me acusaban de traidora.

La política a nivel nacional se mueve por ciertos intereses, pero en el ámbito local operan otros distintos. No podemos equivocarnos en el discurso ni en la imagen que transmitimos a las comunidades. La realidad es que los políticos de arriba no van a voltear a ver a la última comunidad, al último pueblo; para ellos, desde su lugar de poder, no importamos. Entonces, ¿para qué pelearnos entre nosotros?

El partido era solamente una herramienta. No debemos enamorarnos, apasionarnos ni desvivirnos por un partido, mucho menos por quienes lo integran, porque al final somos seres humanos, hombres y mujeres, que terminan jugando su propio juego. La política de la partidocracia funciona así: defiende intereses particulares que, aunque no lo parezca, terminan afectando en cascada a quienes están más abajo. Por eso debemos ver con objetividad y realismo. No hay razón para pelearnos por partidos. Aquí abajo todos somos iguales, enfrentamos enormes necesidades y debemos luchar juntos. Organicémonos, movilicémonos. Si nos dejamos llevar por la pasión, corremos el riesgo de terminar atrapados en intereses de hombres y mujeres que ni siquiera saben que existimos. En ese momento yo portaba el color guinda, pero no se trata del color ni de las siglas, sino del proyecto, de quién realmente lo defiende y lo impulsa.

Cuando me cuestionaban por acompañar a alguien que venía de otro partido, les decía que le reclamaran directamente a esa persona cuando llegara a su comunidad: "Pregúntenle qué hizo mal. ¿Por qué reclamármelo a mí? ¿Por qué cargar con culpas ajenas, si yo tengo mi propia historia y trayectoria?".

Además, aunque ya contaba con presupuesto, volví a endeudarme. Esa elección, la del 6 de junio de 2021, fue completamente distinta. Estuvo menos concurrida que la presidencial, pero la gente volvió a participar. Fue la primera vez que se eligieron cargos federales y locales al mismo tiempo en todo el país.

Segunda legislatura

Ganamos esa elección. Nuevamente acudí al INE por mi nombramiento y me registré en la Cámara de Diputados. En esta ocasión ya conocía todo el procedimiento de registro. Poco a poco todo volvió a la normalidad: se eliminaron las reuniones virtuales y retomamos la presencialidad. Sin embargo, seguían presentándose casos de covid. Me enteré de que algunos compañeros de la legislatura pasada habían fallecido. Afortunadamente, para ese momento ya contábamos con la vacuna.

En la primera legislatura logramos aprobar las reformas constitucionales gracias a que contábamos con la mayoría necesaria. Sin embargo, para la segunda legislatura ya no existía esa mayoría calificada que se requiere, y comenzaron las negociaciones. La primera legislatura me gustó mucho, porque había legisladores con verdadera conciencia de la lucha. Pero ya en la segunda empecé a notar la presencia de actores políticos dentro de Morena con los que no coincidía en ideas ni principios. Aun así, había que saludarlos y tratarlos como pares. Yo tenía muy arraigado el dolor de la muerte y desaparición de mis compañeros indígenas. No podía olvidar las marchas del MULT donde exigíamos seguridad justamente a estos priistas de cepa que ahora estaban sentados a mi lado.

Si bien es cierto que la LXIV Legislatura fue la primera en alcanzar la paridad de género (es decir, la igualdad entre hombres y mujeres en el número de escaños), en la LXV Legislatura, por primera vez, dentro de Morena logramos tener a una vicecoordinadora, que fue Aleida Alavez Ruiz. Puedo presumir que fuimos los oaxaqueños quienes, junto a legisladores de otros estados, la impulsamos. De hecho, fui yo quien propuso su nombre para la terna. Cabildeamos y ganamos: por primera vez había una mujer representando al grupo mayoritario en la Jucopo, acompañando siempre al coordinador, Nacho Mier.

En las reuniones, cuando el ambiente se volvía muy tenso por las diferencias ideológicas, los coordinadores nos solían decir: "Oigan, tranquilícense, vamos a sacar esto adelante; los necesitamos con la cabeza fría, no se apasionen", porque de lo contrario se retrasaba la aprobación del dictamen o de la propuesta de ley que debía enviarse al Senado. Todos los ojos estaban puestos sobre nosotros. Muchos salíamos de esas reuniones realmente molestos. Más de una vez estuve a punto de confrontarlos porque ya no aguantaba, pero tenía que anteponer mi responsabilidad por el proyecto donde había iniciativas de ley que beneficiarían a mucha gente.

Los priistas tienen oficio político, esa capacidad de adular para convencerte de algo. A veces se acercaban y nos decían: "Les reconocemos su trabajo...". Me acuerdo de que, en una ocasión, un priista dijo que "en sus tiempos" no había problemas de seguridad. No pude más y exploté, le respondí: "¿En sus tiempos?, si fueron ustedes los responsables de la guerra sucia, cuando tuvimos que salir a las calles a reclamar por nuestros desaparecidos, por nuestros muertos…". Lo que ellos defendían nos había afectado profundamente, y a veces no podía evitar enojarme.

Defender lo indefendible

Poco a poco fui aprendiendo a moderarme, porque teníamos mucho trabajo que sacar antes de que acabara el mandato del presidente. Además, empecé a cuestionar algunos actos dentro de Morena con los que no estaba de acuerdo. Uno de ellos fue el caso de Segalmex. Este organismo se creó en 2019 con el objetivo de garantizar alimentos básicos a precios accesibles, especialmente en comunidades rurales y marginadas. Sin embargo, entre 2022 y 2023 salió a la luz un grave escándalo de corrupción: desvíos millonarios, contratos irregulares y compras simuladas por más de 15 000 millones de pesos, según datos de la Auditoría Superior de la Federación y la Fiscalía. En las comisiones de agricultura exigí la presencia del titular, pero nunca acudió, a pesar de que ya estaba agendada su comparecencia.

En esta segunda legislatura pertenecí a la Comisión de Salud. Se me caía la cara de vergüenza. Me acerqué al presidente de la comisión, Emmanuel Reyes Carmona, y le dije que debíamos exigirle cuentas al responsable del Insabi, Juan Antonio Ferrer Aguilar, por el desabasto de medicamentos, la mala organización y todos los errores que se cometieron durante la pandemia. En abril de 2023 en la Cámara de Diputados aprobamos la extinción del instituto y sus funciones pasaron al IMSS-Bienestar, que asumió la cobertura para más de 50 millones de personas.

Me causaba profunda tristeza escuchar a mis amigos profesores cuando me platicaban acerca del mal servicio que recibían en el ISSSTE. En la televisión vi cómo un maestro tuvo que salir caminando a la calle con su portasuero porque no le asignaron una cama. No entendía por qué los trabajadores eran tan déspotas con los asegurados. También exigí la comparecencia del director, pero tampoco asistió.

Me acuerdo de que durante esa legislatura el secretario de Infraestructura, Comunicaciones y Transportes, Jorge Nuño Lara, acudió a la Cámara a comparecer por su trabajo. Él fue de los pocos funcionarios que caminó el territorio y visitó el municipio de Santos Reyes Yucuná. Estuvo dando seguimiento puntual desde Hacienda para que se hiciera el camino artesanal y la escuela nivel medio de la población y se reunió con las autoridades locales. Así como cuando estamos en campaña recorremos esos municipios, lo mínimo que espero es que los funcionarios también tengan la empatía y el compromiso institucional de acudir a las comunidades y dar la cara.

Nuño también estuvo presente en la inauguración de la supercarretera. Aunque su trato era serio, siempre mostró disposición para atender las peticiones de la gente y orientar a su equipo para darles seguimiento. Los trabajadores a su cargo mantuvieron ese compromiso, atendieron a las personas tanto en la Ciudad de México como en Oaxaca, y les dieron respuesta. Esto habla mucho de la cabeza de una institución, porque cuando el responsable actúa con seriedad y compromiso institucional, su equipo replica esa misma actitud de servicio y cercanía con la gente.

Los responsables tanto del Insabi como del ISSSTE pusieron en juego el nombre de un proyecto y también el trabajo de quienes debemos dar la cara ante el pueblo, quienes debemos escuchar a la gente. Si a las personas se les explica qué planes se tienen para la salud, lo entienden. Desde 2018, el presidente Andrés Manuel nos había dicho que la salud pública sería un tema federal, que ya no estaría en manos de los estados, sino de la Federación, y que tuviéramos paciencia y confianza, porque la transición no sería rápida. Nos presentaron el proyecto de otra forma. El problema es que Andrés Manuel confía en las personas que nombra, porque le proponen un modelo de trabajo y él cree que va a funcionar. Pero los funcionarios responsables de esas dependencias no cumplieron, no llevaron a cabo lo que prometieron, no ejecutaron el programa como nos habían dicho. Por eso tenemos este sistema de salud que no funciona.

El trabajo realizado en 2022 y 2023 fue muy decepcionante. Estuvimos luchando y exigiendo que comprobaran los gastos, que no nos hicieran quedar mal ante el pueblo y ante los municipios que representamos. Pero al final son los funcionarios quienes toman las decisiones y quienes ejecutan los programas.

Yo fui muy consciente y coherente con lo que me tocaba hacer dentro de las comisiones. En todo momento dejé claro que no iba a meter las manos por los responsables del ISSSTE y del Insabi, porque no podía defender lo que habían hecho. Fui insistente al pedir la audiencia con sus representantes, y exigí que comparecieran y tuvieran el valor de decirnos de frente qué era lo que estaba pasando. Lo único que hacían era mandarnos a otros funcionarios intermedios, pero nunca daban la cara quienes realmente tenían que rendir cuentas.

Tienda de raya 2.0

Al comenzar esta segunda legislatura quise continuar mi trabajo en la Comisión de Gobernación, pero cuando supe que el presidente de esa comisión iba a ser Alejandro Moreno, "Alito", ni de chiste estaría con ese señor, así que me fui a Hacienda.

Me acuerdo que nos llegó un dictamen a la Comisión de Hacienda acerca de una iniciativa de ley llamada *cobranza delegada*, promovida principalmente por el senador Pedro Haces Barba. Esa propuesta planteaba que el empleador pudiera retener directamente del salario del trabajador el monto de sus deudas, entregándolo al acreedor de forma automática.

Muchos legisladores, entre ellos yo misma, nos opusimos firmemente. Era inaceptable que se intentara legalizar el cobro automático de las deudas de los trabajadores, sin su consentimiento expreso, a través de retenciones de su salario. Era regresar a los tiempos del porfiriato y las tiendas de raya. En la Comisión de Hacienda éramos cuatro o cinco compañeros oaxaqueños, de diferentes partidos, y todos coincidimos en que no podíamos votar a favor de eso. Fue una oposición transversal: había legisladores de Morena, del PT, del PRI, todos cerrando filas, porque consideramos que era injusto. Incluso Luis Armando Melgar pidió reunirse exclusivamente con nosotros, los diputados oaxaqueños, para tratar de convencernos. Nos decía que reflexionáramos, que valoráramos el proyecto porque, según él, quitaría una carga a los trabajadores. Pero nosotros le respondimos claramente que retenerles el salario de manera automática era un atentado contra sus derechos.

Posteriormente llegó Nacho Mier, coordinador de Morena, y nos pidió apoyo para que el dictamen avanzara porque, según decía, venía respaldado por la Presidencia. Le respondimos que si de verdad la Presidencia lo avalaba, entonces que vinieran los funcionarios de Hacienda a explicarlo de frente. Cuando llegaron los representantes de Hacienda, dijeron desconocer el dictamen. Eso generó aún más confusión y un gran desorden en la comisión, porque nadie asumía la responsabilidad de impulsar formalmente la propuesta.

El asunto se prolongó dos semanas, cuando en realidad pensaban aprobarlo en un solo día. Nacho Mier nos pidió que no hiciéramos un escándalo, que no frenáramos todo el trabajo legislativo por este tema, y nos solicitó que permitiéramos llevarlo al pleno para votarlo ahí. Pero nosotros ya habíamos hecho labor de convencimiento con otros compañeros, advirtiéndoles del peligro de la iniciativa, y muchos coincidieron con nuestra postura. Cuando llegó el momento de la votación, yo decidí abstenerme en lo general y votar en contra en lo particular, para dejar constancia de mi rechazo. Aunque algunos diputados nos tacharon de traidores a la Cuarta Transformación y nos criticaron duramente, mantuvimos la congruencia. Al día siguiente, el presidente Andrés Manuel López Obrador salió a declarar públicamente que no estaba de acuerdo con la reforma y que no debía afectar a los trabajadores. Eso nos dio la razón.

Después, en el Senado, Ricardo Monreal también aseguró que la ley no pasaría. Así se congeló la propuesta. Sin embargo, he sabido que Pedro Haces ha vuelto a presentar la iniciativa recientemente, y que en Morena hay quienes quieren retomarla, lo cual me parece muy preocupante. Lo que yo pude conocer, a partir de pláticas con compañeros y con trabajadores, es que detrás de esta iniciativa estaban un conjunto de Sofom (Sociedades Financieras de Objeto Múltiple), que se dedican a dar crédito a trabajadores, muchas vinculadas a Pedro Haces, quienes eran y siguen siendo las patrocinadoras de esta iniciativa. Muchos trabajadores se endeudan pidiendo préstamos y terminan pagando intereses altísimos o incluso quedando atrapados en un esquema muy parecido al de las tiendas de raya de hace un siglo. La cobranza delegada, de aprobarse, legalizaría la retención directa de sus sueldos, sin mediar ningún control ni defensa efectiva para ellos.

Verdades incómodas

Para 2023 ya era innegable la existencia de deuda pública. El gobierno del presidente Andrés Manuel López Obrador había recurrido al financiamiento de las obras, y aunque no hubo una instrucción formal desde la Presidencia para encubrirlo, dentro de la Comisión de Hacienda muchos compañeros coincidían en proteger la imagen presidencial y evitar reconocerlo abiertamente.

En las reuniones previas, la mayoría insistía en negar la deuda. Una y otra vez repetían que no existía deuda pública nueva, que todo estaba bajo control. Sin embargo, era imposible seguir sosteniendo ese discurso. Antes de subir a tribuna revisé el texto que me habían preparado. Le pedí a mi asesor, el maestro Isaac Rodríguez, que me explicara bien lo de la deuda y que me dijera la verdad, porque la comunicación de parte de la coordinación era confusa, engañosa, y la línea era dar discursos que se enfocaran en rechazar que había endeudamiento adicional.

Isaac me explicó que, efectivamente, se estaba tomando bastante deuda y que era un error tratar de tapar el sol con un dedo, que era evidente que se estaba adquiriendo deuda y que lo importante era explicar por qué. Negarlo era una mentira y a la larga quedaría el testimonio en el pleno y quedaría grabado (pues ya me habían escogido para hablar a favor del dictamen, incluso presentarlo). Decidí que me redactara un discurso a favor de la deuda y lo ajustáramos para decir la verdad, pero con responsabilidad.

Subí a tribuna y hablé con claridad: reconocí que había deuda, pero también destaqué que no era un endeudamiento permanente ni irresponsable, sino una inversión con beneficios sociales y productivos. Esto tomó por sorpresa a muchos compañeros de Morena, que no esperaban que alguien lo dijera abiertamente. Sin embargo, expliqué que el país no estaba comprometiendo su soberanía ni hipotecando el futuro, como había ocurrido en administraciones anteriores, sino apostando por proyectos de desarrollo nacional.

Después de mi intervención, el discurso cambió dentro del grupo parlamentario. La vicecoordinadora, Aleida Alavez, retomó el mismo mensaje, justificando el endeudamiento y explicando de dónde vendrían los recursos para pagarlo. Al día siguiente, mi participación fue retomada por varios medios nacionales, el propio presidente confirmó públicamente que sí había deuda, pero la definió como necesaria y distinta a la de sexenios pasados.

Reconocer la deuda resultó incómodo, pero era lo correcto, y además fortaleció la credibilidad ante la ciudadanía. La verdad terminó imponiéndose, y fue evidente que mantener la congruencia vale más que intentar ocultar datos que, tarde o temprano, salen a la luz. Esa experiencia dejó claro que representar al pueblo implica hablar con honestidad, aunque no siempre sea cómodo, y sostener con argumentos firmes las decisiones que se toman desde el poder público.

Hay actos y personas indefendibles. Yo no podía salir a decir que todo estaba perfecto en Morena, que todo era honesto y transparente, porque esa no era la verdad. Si hiciera eso, entonces no sería una política auténtica. En política, igual que en la vida, cometemos errores, y de esos errores tenemos que aprender y reconstruirnos. Así como una persona crece y madura a partir de sus equivocaciones, la política también debe transformarse y mejorar continuamente.

Si no existiera esa posibilidad de cambio, la gente no tendría razones para volver a confiar o para elegir un proyecto diferente. Por eso es tan importante ser autocríticos, reconocer dónde nos equivocamos y corregir el rumbo.

Creo que eso fue lo que me permitió ganarme el respeto de muchas compañeras y compañeros. Me vieron congruente, dispuesta a decir las cosas con claridad, aunque resultaran incómodas.

Capítulo 19

LA RAÍZ DE LA DIGNIDAD

Cuando llegué al Congreso decidí que ya no iba a luchar solo por mi comunidad, sino que ahora defendería a todos los pueblos indígenas del país.

¿Título en discriminación?

En julio de 2022, el presidente Andrés Manuel López Obrador propuso una terna integrada por tres mujeres indígenas para presidir el Consejo Nacional para Prevenir la Discriminación (Conapred): Claudia Olivia Morales Reza, representante del pueblo wixárika de Jalisco; Olga Santillán, tepehuana del sur de Durango, y Mónica González, del pueblo Cucapá de Baja California.

Me dio mucho gusto cuando supe de esa terna, porque eran mujeres con la sensibilidad, la capacidad y el criterio para proponer políticas públicas que realmente ayudaran a combatir la discriminación en este país. Sin embargo, desde la oposición se levantaron voces que cuestionaron a estas mujeres, diciendo que no tenían la preparación académica suficiente para encabezar el Conapred.

Recuerdo que una diputada panista incluso pedía que la titular del organismo contara con un título profesional específico, sin entender que para sentir la discriminación no hace falta un certificado académico, sino haber vivido en carne propia el abuso, las burlas y la marginación.

Fue así que se retomó mi iniciativa y se aprobó que a quien presidiera Conapred no se le podía exigir un título universitario, ya que esto en sí mismo es discriminatorio, sobre todo porque hay un número reducido de la población mexicana que cuenta con uno. Además, para el cargo de presidente de la República, el máximo cargo público, no existe como requisito el titulo universitario, por lo que solo se necesita que la persona designada tenga la capacidad para dirigir el organismo.

Finalmente, en julio de 2022, tomó protesta Claudia Olivia Morales Reza, quien se convirtió en la primera mujer indígena en ocupar la presidencia del Conapred. Para mí fue motivo de orgullo y satisfacción ver que la propuesta avanzó y que el presidente la respaldó. Fue un gran paso para la representación de los pueblos originarios y un mensaje poderoso de dignidad y justicia.

El segundo constitucional

Desde el siglo pasado, la izquierda estuvo presionando para que se entendiera el país como una nación pluricultural y pluriétnica. Y en 1994, la irrupción del Ejército Zapatista de Liberación Nacional sentó las bases —en los Acuerdos de San Andrés Larráinzar— para que los pueblos indígenas al fin fuéramos reconocidos en la Constitución como *sujetos de derecho.*

Así, yo tenía muy claro que mi misión desde el Congreso era impulsar la modificación al artículo segundo constitucional, el cual reconocía los derechos indígenas, pero nos clasificaba como *entidades de interés público*, en lugar de *sujetos de derecho público*. Es decir, nos consideraban jurídicamente como una asociación civil o una universidad, lo cual limitaba nuestra capacidad de acción y de decisión, incluso de representarnos a nosotros mismos ante tribunales y distintos foros.

Por todo eso, desde que ingresé al Congreso presenté una iniciativa que redactamos junto con varios grupos de indígenas que radican en la Ciudad de México, que venían de Chiapas, Oaxaca, Guerrero y otros rincones del país. Al mismo tiempo, unos compañeros de Chiapas impulsaron propuestas similares para reformar el mismo artículo segundo constitucional. Sentíamos con claridad que ese era nuestro momento, porque por primera vez coincidíamos una gran mayoría de voces indígenas dentro de la legislatura, algo que nunca había ocurrido. Éramos la representación más amplia de pueblos originarios en la historia del Congreso. Veníamos de Jalisco, Sonora, Chiapas, Oaxaca, Guerrero, Michoacán, Estado de México, Yucatán, con la misma convicción, con la misma conciencia de que ya no podíamos esperar más para saldar la deuda histórica que el Estado tiene con nuestros pueblos y comunidades.

Asumí con responsabilidad defender la propuesta, mientras otros compañeros también levantaban su voz con iniciativas propias. Algunas propuestas se perdieron por los plazos, otras tuvimos que retirarlas y volverlas a presentar, pero nunca dejamos de insistir. Sin embargo, durante la LXIV Legislatura y en la LXV, los seis años de trabajo legislativo, no nos alcanzaron los votos. Sostuvimos con firmeza esa lucha: la exigencia de reconocimiento pleno de nuestros derechos como un paso necesario para hacer justicia a nuestros pueblos, así que para lograr esta reforma constitucional era indispensable contar con el respaldo de la Jucopo por acuerdo político y con una mayoría calificada: las dos terceras partes de la votación.

Esto, al fin, sucedió en septiembre de 2024. De este modo, la reforma al artículo segundo constitucional significó un verdadero acto de justicia para los pueblos y comunidades indígenas. Su aprobación saldó una deuda histórica, pues al fin se nos reconoció capaces de decidir y gestionar nuestros propios proyectos, defender nuestra cultura, proteger nuestros recursos y lugares sagrados e impugnar resoluciones judiciales.

Intentaré ilustrar su importancia. Santa María Zaniza, municipio ubicado en la Sierra Sur de Oaxaca que se encuentra dentro del distrito 06 electoral federal, que me tocó representar, tiene el yacimiento más importante de hierro de Oaxaca. El gobierno, en 1997, otorgó permiso para exploración a corporativos mineros, sin tomar en cuenta la decisión del pueblo, que fue excluido y discriminado. La concesionaria, mediante engaños, convenció a la autoridad, y en dos años hizo perforaciones para ubicar el material. Esto provocó afectaciones al medio ambiente, pues trabajaron día y noche, secaron los ríos y los contaminaron. En resumen, no cumplieron los acuerdos, razón por la cual el pueblo se organizó y canceló toda actividad minera. Aunque no se sabe bien la duración exacta de la concesión minera, lo que sí se sabe es que la distribución de beneficios derivados de esta actividad es injusta e inequitativa, ya que son los dueños de estos corporativos nacionales y extranjeros quienes se quedan con la mayor cantidad de las ganancias derivadas de los recursos que extraen de los territorios comunales y ejidales. A esto hay que añadir que hay estudios que demuestran que esta actividad impacta negativamente al ambiente y a la salud de la población. Algunos activistas comunitarios que se han opuesto a estos proyectos han enfrentado la muerte o la desaparición.

Estoy segura de que si esta reforma Constitucional hubiera existido cuando se otorgó esta concesión a la minera, Santa María Zaniza habría evitado muchos daños. Ya habría sido sujeto de derecho público, con personalidad jurídica y patrimonio propio, sus sistemas normativos —que les permiten nombrar a sus representantes y sus formas internas de gobierno— habrían estado reconocidos por el Estado, habría tenido derecho a la libre determinación y a la consulta libre, previa e informada respecto de cualquier decisión que pudiera afectar sus territorios y recursos, y habrían podido usar el derecho de impugnar ante los Tribunales como comunidad.

Alcance nacional

A veces sentía cierta tristeza, porque en mi distrito había demandas muy concretas y urgentes, pero era más factible impulsar y aprobar reformas de alcance nacional que pudieran beneficiar a miles de personas, incluyendo a quienes representaba.

En mi segunda legislatura como diputada federal tuve el privilegio y la responsabilidad de impulsar iniciativas que, más allá de mi distrito, ayudarían a toda la sociedad mexicana, como la reforma a la Ley General de Educación, que fomenta la activación física y prohíbe la venta de productos chatarra en las escuelas. Con ello se busca que los acuerdos que realicen las direcciones escolares con personas que venden alimentos se enfoquen en opciones nutritivas y adecuadas para niñas, niños y adolescentes.

Yo estoy segura de que cuidar la alimentación de la infancia es también cuidar el futuro de nuestro país. También defendí con convicción la iniciativa para el fomento a la lectura, porque estoy convencida de que desde el gobierno federal debemos generar políticas públicas que acerquen los libros y la lectura a la niñez, desde los primeros años de vida. Estas nuevas generaciones, que mañana serán nuestros profesionistas, autoridades y servidores públicos, necesitan herramientas sólidas de formación, y la lectura es una de las más poderosas.

Me llena de satisfacción saber que todas estas iniciativas salieron adelante, y agradezco la oportunidad de haberlas impulsado con la firme convicción de servir al bien común. Especialmente, la reforma al artículo 2º constitucional, que no fue un regalo, sino el resultado de años de lucha, de resistencia, de vidas entregadas.

Hoy nos toca cuidarla, aplicarla y seguir caminando para que, por fin, la dignidad y la justicia lleguen a cada rincón de nuestros pueblos originarios.

Capítulo 20

CERRAR CICLOS PARA CONTINUAR LA RUTA

Lo bonito de la política es que nos brinda la posibilidad de reconstruirnos y no seguir ciegamente una misma ruta como borregos. Cuando tienes una convicción auténtica, debes sostenerla con carácter, valentía y fundamentos, porque solo así la política trasciende el simple espectáculo y se convierte en un verdadero compromiso con las causas justas y con la gente.

Para mí, 2023 fue un buen cierre de ciclo. Ya estaba muy cansada, tenía mucha tensión acumulada. A esas alturas, cuando nos pedían seguir defendiendo esto o aquello, yo ya sentía que, al menos, había que ser honestos ante la sociedad y reconocer que en la política también se cometen errores, y que es necesario enmendarlos.

Nunca entendí por qué algunos compañeros de Morena insistían tanto en cubrir, a toda costa, a quienes cometían errores. Es mucho más sano, más inteligente, reconocer cuando algo no está caminando bien, señalarlo y corregirlo. Si llegamos a la política para cambiar lo que criticábamos antes, no podemos convertirnos en lo mismo. El pueblo no es tonto; el tonto es el político que cree que la gente no ve la corrupción o el nepotismo. Al final, la ciudadanía tiene en sus manos la posibilidad de cambiar las cosas con su voto. Por eso, este último año legislativo, aunque fue de cierre, también fue de mucha reflexión para mí.

A partir de marzo, comencé a contar los días para que clausuraran el periodo. Claro que seguía combativa, había temas pendientes. Disfruté esos últimos meses terminando algunos trabajos, me despedí de mis compañeros. Yo nunca fui de quedarme sentada ahí en el escritorio. Siempre andaba de arriba abajo, visitando comunidades, acordando con la gente. Eso me permitió forjar relaciones muy valiosas, como con el embajador de Arabia Saudita, que incluso visitó Oaxaca y quedó encantado. En una ocasión me invitó a una celebración en la embajada, donde se partió un pastel. Después me enteré de que tradicionalmente eso solo lo comparten entre hombres.

Antes de dejar la legislatura, tuve tiempo de reflexionar. Me sentí orgullosa de ser indígena triqui, de haber sido diputada federal, de participar en espacios donde antes solo había hombres. Todas estas experiencias son pequeños regalos de la vida que me recuerdan por qué estoy aquí: para abrir espacios a otras mujeres, para proteger a nuestras familias, para demostrar que los indígenas podemos representar y defender con dignidad a nuestra gente.

En esos años de legisladora forjé mi carácter, reafirmé mi ideología y consolidé mi congruencia. Por eso, cuando nos propusieron la segunda reelección fui clara y dije que no. Desde mi curul grabé videos y mandé mensajes para animar a otros compañeros a tomar la estafeta, a luchar por el distrito y a dar la cara. Yo no veía congruente quedarme tres periodos en el Congreso. Para mí era momento de cerrar el ciclo y dar paso a nuevas voces, con nuevas ideas, para seguir defendiendo a nuestro pueblo.

Tanto en las comisiones, en las plenarias de Morena y en espacios con funcionarios federales, insistí en la atención al conflicto en la nación triqui, y fue así como en una de las giras que tuvo el presidente de la República, Andrés Manuel López Obrador, por la Mixteca Oaxaqueña, se acordó que se tenían que llevar a cabo las mesas de paz directamente con el gobierno, que él iba a proponer una comisión para que atendiera a todos los involucrados de la nación triqui.

Primero se hicieron reuniones de manera separada con ambas organizaciones, el MULT y el MULTI, en la Secretaría de Gobernación, que era dirigida por Adán Augusto López. Pero en este contexto, una de las organizaciones decidió hacer un plantón en avenida Juárez, en el cruce con el Eje Central Lázaro Cárdenas, frente a Bellas Artes, durante siete meses. Esto provocó la reacción directa de la jefa de gobierno en ese entonces, Claudia Sheinbaum. Y ella empezó a presionar a Gobernación para que ya se atendiera ese bloqueo.

Adán Augusto López gestionó una reunión con la jefa de gobierno para ese mismo día, como a las siete de la noche. Yo fui convocada porque era diputada por ese distrito. A esa reunión fue el entonces gobernador de Oaxaca, Alejandro Murat, quien también convocó al presidente municipal de Santiago Juxtlahuaca. Ya cuando llegamos, estaba el presidente municipal y su servidora en una sala, y en otra estaba el gobernador con la jefa de gobierno, Claudia Sheinbaum. Me mandan llamar a esa reunión y es ahí donde Sheinbaum me dice: “Bueno, diputada, ¿cómo estás? Nosotros estamos aquí atendiendo a la petición del secretario de Gobernación y viendo de qué manera podemos coadyuvar, o coordinarme con ustedes, ¿qué es lo que ustedes necesitan?”.

Ahí vi a una jefa de gobierno fuerte, seria, que siguió: “Pues, diputada, yo lo que necesito es saber qué voy a hacer. Aquí está tu gente, ya tengo siete meses aquí en un bloqueo. Por más que ya les dimos albergue, ya les dimos despensas, ya vimos que se atendiera de manera inmediata el servicio de salud a los niños, yo ya no sé qué más necesito hacer. Yo sé que esto no es un tema mío, diputada. Mi tema es atender a los que viven en la Ciudad de México. Mi trabajo no es nada fácil, y de repente se me viene esto aquí a México, ¿yo qué puedo hacer? No. Es un tema que deben atender directamente ustedes. Tú, gobernador. Es algo que está sucediendo allá en tu estado, ¿no? Entonces, ¿yo qué tengo que ver en esto?".

Yo le hice ver que yo no era del MULTI, sino del MULT, y me respondió: "Yo de verdad atiendo a todos. Me traen una agenda, se atiende, y luego cuando veo, ya vienen con otra agenda. O sea, yo tengo una gran responsabilidad de atender todo lo que pasa en la Ciudad de México. Pero que no me cambien la agenda cada vez. Entonces, diputada —dijo, ¡y pum!, que pone fuerte su puño sobre la mesa—, ¿qué hacemos?".

Ahí el gobernador y yo le explicamos cómo estaba el asunto de las organizaciones y sus distintas agendas. Cuando terminamos dijo:

—¿Qué necesitan? O sea, ¿yo en qué puedo colaborar?

—Pues unos piden que haya seguridad, recorridos constantes de seguridad para evitar más enfrentamientos…

—Yo lo que necesito, entonces, son vehículos, patrullas —respondió el gobernador.

—¿Cuántas, gobernador?

—Yo creo que se necesitan tres, cuatro patrullas para que estén permanentemente ahí.

—Pues yo colaboro. Sólo que yo no puedo invadir competencias que no me corresponden. Nada más díganle al secretario de Gobernación que la jefa de gobierno está presta a ayudar para que puedan resolver esto en términos de conciliación. Pero eso sí, que me dejen escrito esto en un documento para que yo lo pueda comprobar. Y yo sí quiero que me liberen Bellas Artes, ya estuvo tomado por siete meses. No podemos seguir así.

Ahí es donde yo noté a una mujer de carácter fuerte. Protectora también porque, aunque el conflicto venía de otro estado, colaboró. Fue clara también: "Gobernador, hazte cargo, te corresponde resolver y atender".

Con eso terminó la plática con ella. Fue una experiencia muy institucional, ejecutiva, muy diplomática. Creo que esas características definitivamente coadyuvaron para que ella terminara siendo la presidenta de la República. Esta experiencia hizo que en siguientes reuniones que tuvo, ya con todos los diputados, se acordara de mi nombre. Hasta me sorprendió. La última vez que platiqué con ella, que fue en un evento donde estuvimos todos los de la coalición rumbo a la elección de 2024, ella se me acercó y me dijo: "Bety, pues hay que echarle ganas y luchar por la paz de tu pueblo, por Copala, por los triquis y por otros pueblos indígenas del país".

Pero, sin lugar a duda, lo más significativo para mí como mujer fue participar en la elección presidencial de la primera presidenta de México. Haber votado por Claudia Sheinbaum significó una verdadera esperanza, porque hoy ella forma parte de la historia de nuestro país y deja el precedente para que las futuras generaciones mujeres aspiren al cargo más importante de nuestro país y que no vean imposibles, que sepan que si tienen una aspiración o un sueño solo hay que enfocarse, trabajar, luchar hasta conseguirlo. Sé que nuestra presidenta no tiene el camino nada fácil, pero confió en su inteligencia. Coincidí con ella en varios eventos y la veo como una mujer fuerte. Como toda madre, creo que será protectora de nuestro país. Solo espero que no proteja a los gobiernos de la 4T de los estados donde sus actos de corrupción, nepotismo o vínculos con la delincuencia la dejen mal parada con el pueblo mexicano.

Raíces de justicia

A unos cuantos días de terminar la legislatura, mi hija, Nahomi, me contó que con unos compañeros de la universidad habían grabado un video sobre el MULT para una tarea. Me sorprendí, porque jamás les había platicado a mis niñas nada sobre el movimiento. No quería exponer a mi familia. Me dijo que ya había entrevistado a sus abuelos y a mi amiga Emelia. "Mamá, no sabía nada de lo que hizo mi abuelito, de su lucha, de lo que habían sufrido ustedes... ¿Por qué nunca nos contaste...?".

La verdad es que siempre tuve miedo de ponerlas en peligro. Desde 2015 yo había estado recibiendo amenazas y mi prioridad siempre fue cuidarlas y mantenerlas alejadas de ese mundo de violencia que yo había conocido desde niña.

Me mostró el video y quedé impresionada. Jamás había visto a mi papá hablando sobre su vida. Y entonces se me ocurrió que podían hacer un documental. Platicamos con sus amigos, Astrid y Joshua, y aceptaron encantados. Al principio les dije que yo no participaría porque aún era legisladora y no se me hacía apropiado, pero conforme iban armando el documental me dijeron que era muy importante que yo contara también aunque sea una anécdota, porque lo que yo había vivido era el reflejo de lo que otras familias sufrieron en carne propia.

Nunca había hablado acerca de mi infancia. Jamás le había contado a nadie sobre Copala. Ninguna persona conocía mis miedos. En cuanto comencé a hablar, no pude dejar de llorar.

Después de la grabación, mis hijas fueron a mi cuarto. Nahomi me dijo: "Mamá, no lo vayas a tomar a mal, pero todo lo que te guardaste y lo que dijiste me hace pensar que sería bueno que fueras con una psicóloga de tu confianza. Tienes muchas emociones guardadas desde hace muchos años. Te construiste un caparazón donde has encerrado todas tus emociones, y eso no es bueno para ti". Tenía razón. Yo había aprendido a llorar sin hacer ruido, sin gritar, para que nadie supiera que estaba sufriendo. Desde niña y en la adolescencia no podía darme esa dicha de disfrutar un llanto, porque lloraba mientras nos estaban persiguiendo, me limpiaba las lágrimas y continuaba. No podía darme ese lujo de pararme a decir: "Ay, pobrecita de mí, estoy sufriendo".

Entonces Nahomi me dijo: "Mamá, eres un ser humano. Tienes derecho a sentir, a llorar, a estar triste. Tienes derecho a que te escuchen. Déjate ayudar, mamá. Nosotras te podemos escuchar y puedes llorar aquí, pero no es lo mismo que vayas a una terapia. Ya eres una señora, ya estás más madura, pero hay muchas cosas que te bloquean para sentir una emoción".

Mi niña chiquita, Itai, estaba ahí parada al lado de su hermana. Me abrazó y me dijo: "Mamá, tú siempre has estado viendo por los demás, por tus hermanos, por tu pueblo, ahora que fuiste a la legislatura viste por tu distrito, hablaste por la gente. Pero ya es el momento de que veas por ti, que te apapaches y te quieras. La gente va a seguir viviendo, va a seguir existiendo. Ya pasó tu guerra, ya pasó tu momento de proteger. Mamá, tranquila, no tiene caso seguir cargando con todo eso".

Les hice caso y comencé a asistir a terapia. Ahí aprendí a mirarme de verdad y a sacar todas esas emociones que había guardado durante años. Me acuerdo de que la primera vez fue una lloradera tremenda, porque tuve que revivir momentos que ya había olvidado o enterrado para poder seguir adelante. Pero poco a poco todo eso fue sanando. No me arrepiento de la vida que me tocó vivir, porque esa vida me dejó aprendizajes, aunque también entendí que mis emociones no las puedo seguir guardando.

Durante mucho tiempo la gente creyó que era una mujer dura, pero en realidad soy muy familiar, muy cariñosa. Incluso he escuchado a mis compañeros decir: "Ay, yo no la conocía así", porque muchos pensaban que era muy enojona, pero ahora que me ven en redes sociales me dicen que soy buena onda, risueña y alegre. Hacia afuera me veían así, dura, porque fue el modelo que yo misma fui creando, la figura que fui moldeando para sobrevivir y protegerme. Pero ahora trato de estar más relajada y de disfrutar cada momento.

Antes, en todos esos años que me dediqué a la política, no salía a vacacionar, no salía a pasear; de verdad me entregué al trabajo tal como era. Y eso, hoy, ni de chiste: ahora, si mis hijas dicen: "Vamos a cenar, vamos a salir", salgo con ellas, porque he entendido que la vida solo es una.

Mi psicóloga me explicó que dentro de mí seguía viva esa Bety chiquita que creció creyendo que siempre estaba en guerra, y que debía estar alerta, cuidarse y proteger a su familia. Desde muy pequeña había aprendido a vivir con miedo, a endurecerme para sobrevivir, a cerrar el corazón para no quebrarme. "Esa niña que vivió asustada, en medio de la violencia, la muerte y las amenazas merece ser feliz y disfrutar la vida", me explicó. Aprendí a llorar y también a reír bien sabroso. Poquito a poquito, empecé a descansar y a ver la vida de otra manera.

Nosotras en ruta

El 31 de julio de 2024 presentamos *Raíces de justicia, el legado de Juan Domingo* en la Cámara de Diputados. Muchos de mis compañeros no conocían la historia del origen de la lucha de San Juan Copala. Gracias a este documental aprendieron acerca de mi comunidad, de la resistencia de los triquis, del MULT y sus fundadores.

Un mes después, el Museo Memoria y Tolerancia nos abrió sus puertas y logramos presentarlo ante una audiencia más grande. Estábamos celebrando también que por fin había terminado mi trabajo en la legislatura y mi Nahomi se había graduado de la licenciatura.

Saliendo de ahí mi hija me dijo: "Fíjate que estaba platicando con mis compañeros y se nos ocurrió que podrías hacer un pódcast sobre el tema de la paz. Nosotros te podemos orientar y darte consejos. Tú tienes carácter y sabes platicar, te hemos visto cómo dialogas con las personas. Con este pódcast puedes dignificar tu lucha por los derechos de las mujeres y de los pueblos originarios. Yo pienso que podrías abonar también a tu movimiento, a tu lucha…”.

Me explicaron que la idea era hacer entrevistas a mujeres para que contaran sus historias de lucha, participación y cambio, y así más personas puedan conocer cómo ellas construyeron mejores condiciones para sus comunidades y hoy están participando en la toma de decisiones o impulsando la inclusión.

Cuando empecé a conocer todo eso, dije: “Está bien, hagámoslo”, pero me enfoqué más hacia la visión indígena, porque pensé que las mujeres en las comunidades indígenas tienen mucho que decir y compartir.

Y así fue como empezamos a crear *Nosotras en Ruta*.

Me puse a leer y a estudiar. No sabía cómo se hacía un pódcast. Al principio, los chicos de la productora Apiario Films me propusieron que se llamara *En ruta con Beatriz o con Bety*, porque como la primera entrevista la hicimos en México, pusimos en la camioneta todo el equipo para la grabación y agarramos ruta. Pero yo les dije que no, que si el propósito era mostrar las historias de otras mujeres, no era justo que apareciera mi nombre. Somos “nosotras”, somos un colectivo. Yo solamente las iba a invitar, pero la cámara era para ellas. Por votación unánime se quedó *Nosotras en Ruta*.

El primer capítulo salió el 23 de septiembre de 2024. Antes de eso hicimos varios programas piloto. Nos costó trabajo ordenar nuestra agenda. La entrevista que habíamos planeado sería la primera, terminó siendo la sexta, y la segunda fue la cuarta, y así, hasta que por fin nos decidimos abrir con Rosa María Castro, una activista feminista defensora de los pueblos afromexicanos y diputada federal de la LXVI Legislatura, quien nos compartió su historia de vida y su camino dentro de la lucha social por la igualdad en Oaxaca y México. Rosa María es una profesionista, luchona, aguerrida.

Todas las invitadas al programa han dejado la pena, el orgullo y el ego a un lado para narrar sus historias y decir: "Esta soy yo". Por ejemplo, entrevisté a la señora Luz María Rebolledo, quien nos contó cómo es su labor como trabajadora de la limpieza en la Cámara de Diputados, o Lucía Rojas, que elabora bolsas artesanales para pagar los gastos médicos de su hijo, que padece una enfermedad muy rara. Todas son dignas de admiración y tienen historias impresionantes de cómo salieron adelante. Me emociona mucho compartir la lucha y vivencias de tantas mujeres valientes.

Poco a poco nos hemos ido integrando con más compañeras y fortaleciendo nuestras redes sociales. Algunas nos han echado la mano para contactar a otras mujeres, y eso ha sido lo bonito de este proyecto, porque a veces se vuelve una especie de red de ayuda. He conocido empresarias, banqueras, mujeres de todos los sectores. Entre todas hemos ido tejiendo relaciones que nos fortalecen.

Nosotras en Ruta nació para hablar de la paz y de las mujeres. Ese ha sido siempre nuestro principal objetivo. Lamentablemente, cuando iniciamos este proyecto nos enteramos de varios feminicidios en Oaxaca, que no se apegaban al patrón clásico donde las parejas de las víctimas o un familiar cercano cometían el asesinato, sino que las ejecutaban. Esas mujeres no le hicieron daño a nadie. Caminaban con su labor, con su voz, con sus sueños, construyendo su vida en paz. No cargaban armas. Solo aspiraban a vivir libres, y aun así les arrebataron la vida. Comprendí lo urgente que era escuchar a las mujeres.

Hasta el momento, la historia más vista es la de mi señora madre, una mujer que, a pesar de vivir en la adversidad, salió adelante. Ella no es de las que se quejan ni de las que se victimizan, sino de las que enfrentan la vida con lo que tienen, decidida a avanzar.

Estoy muy contenta con *Nosotras en Ruta* y agradecida con todas las mujeres que han participado. Para mí es uno de los proyectos más nobles que he realizado, sobre todo porque ahora me siento acompañada, trabajando de la mano con mi hija, que me guía en el tema de redes y plataformas. El pódcast lo difundimos en YouTube, Spotify y TikTok. Vamos paso a paso, pero nos ha ido muy bien. Por primera vez en la vida no me siento presionada, disfruto platicar con las entrevistadas, y cada una me ha dejado grandes aprendizajes.

Me emociona contar con la experiencia de los jóvenes, que me han abierto puertas para probar cosas nuevas y seguir aprendiendo. Estoy dispuesta a escuchar y a dejarme orientar, porque no lo sé todo. Ellos me han enseñado mucho, incluso a romper con la imagen tan seria o distante que algunos tenían de mí.

En *Nosotras en Ruta* me he reído a carcajadas, he disfrutado mucho las conversaciones. Cada entrevistada aporta su esencia, y eso hace que cada capítulo sea único, como única es cada mujer.

Un tiempo para la paz

Hoy no veo cercana la paz para mi pueblo, precisamente porque el gobierno actual está jugando con las necesidades y los dolores de la gente, y sólo le interesa el control político. Me siento muy decepcionada del movimiento que hoy gobierna Oaxaca. Lo digo con tristeza porque conozco al actual gobernador, Salomón Jara, desde hace muchos años; incluso estuvo presente en mi boda.

Soy indígena, pero no soy ingenua, y me doy cuenta de lo que está haciendo con mi pueblo. Veo claramente que su estrategia es solo un juego político, en el que lamentablemente arrastra las vidas de muchos hombres y mujeres triquis.

Me duele, porque con él recorrí comunidades, conversé abiertamente, y le compartí mi aspiración de lograr la pacificación de nuestro pueblo. Le dije que si llegaba a ser gobernador, ayudara a transformar la cultura de violencia y abandono, que trabajara para alcanzar la paz. Fue por esa razón que en su momento decidí apoyarlo. Hoy, sin embargo, veo que su prioridad son los intereses políticos, no la verdadera transformación que ofreció.

No es solo mi percepción: es el sentimiento de muchos oaxaqueños y oaxaqueñas que también ven la forma en que actúa en otros pueblos, con otras mujeres y otros hombres. Ese es su estilo de gobernar, su sello político, y es lamentable porque él tiene ahora la posibilidad, desde el poder, de cambiar para bien la vida de muchas personas, y ha decido ignorarlas para escuchar intereses partidistas. Afortunadamente, nunca es tarde para la paz.

Epílogo

Hasta el día de hoy, el conflicto armado en Copala no se ha resuelto. Sin embargo, muchas mujeres y hombres mantenemos firme el corazón y la mente en la construcción de un verdadero acuerdo de paz.

Para lograrlo, necesitamos tejer redes sólidas y generar las condiciones que permitan impulsar un proyecto integral para la nación triqui. Este proyecto no debe limitarse a la pacificación, sino incluir también el desarrollo, el fortalecimiento de la cultura y la dignidad de nuestras comunidades.

Es urgente abrir nuevas puertas para que las futuras generaciones ni siquiera recuerden los daños colaterales de la violencia, como la pobreza y la marginación.

Conservo la esperanza de que mis hijas puedan presenciar esa paz naciente. Sueño con que el pueblo triqui brille por su cultura y que la violencia se convierta en un mal recuerdo, una pesadilla que se disipa al despertar.

Quiero que el mundo conozca la otra cara de los triquis: hombres generosos, solidarios; mujeres protectoras, sabias, que aman profundamente a sus familias y sus costumbres.

La reconciliación requiere conjugar la voluntad institucional con la capacidad de perdonarnos y reconocernos como hermanos y hermanas.

Hoy, gracias a las redes sociales, la juventud triqui se muestra más crítica y con aspiraciones que van más allá del conflicto. Son jóvenes orgullosos de su lengua, de su cultura y de su comida, y quieren transformar su entorno.

Ahí está el ejemplo de Guillermina Ramírez Santiago, originaria de San Juan Copala, quien se convirtió en cadete de la Escuela Militar de Enfermería. Ella representa a una nueva generación de mujeres indígenas que rompen estereotipos y fortalecen la inclusión. Su logro seguramente inspirará a otras niñas y jóvenes de comunidades oaxaqueñas.

También están los "niños descalzos de la montaña", que brillaron por su pasión por el baloncesto y se convirtieron en un símbolo de orgullo comunitario y de superación. Ellos demostraron que el deporte puede abrir oportunidades y forjar nuevas trayectorias de éxito.

Otro referente es Carlos Guadalupe Hernández, conocido como Carlos CGH, joven rapero de San Juan Copala, quien ha cautivado con su estilo y su firme compromiso con la identidad triqui. Con su música rescata la lengua, refuerza el orgullo indígena y hace visible la lucha de nuestro pueblo; o el pintor muralista Joel Merino, quien lleva nuestra cultura en sus manos y ha expuesto sus obras a nivel nacional y en Europa; o mi amiga, compañera y comadre Emelia Ortiz García, activista triqui que siempre ha buscado justicia. A pesar de haber padecido la desaparición de sus primas y el feminicidio de sus hermanas ha buscado por medio de expresiones de nuestra cultura el camino hacia la paz.

Por ellos, y por quienes vendrán, no puedo quedarme de brazos cruzados. Mi trabajo y mi lucha son apenas una semilla para que todos los niños y jóvenes indígenas mantengan viva la esperanza de alcanzar sus sueños.

Por esta razón, siempre insistiré: ¡La paz ya no es negociable!

Esta obra se terminó de imprimir
en el mes de diciembre de 2025,
en los talleres de Diversidad Gráfica S.A. de C.V.
Ciudad de México